SANDY TAIKYU KUHN SHIMU

einfach achtsam

Begegnung mit dem Hier und Jetzt

ISBN Printausgabe: 978-3-8434-1489-0
ISBN E-Book: 978-3-8434-6474-1

Sandy Taikyu Kuhn Shimu:
einfach achtsam
Begegnung mit dem Hier und Jetzt –
Übungen für Balance und Harmonie

Umschlag: Simone Fleck, Schirner,
unter Verwendung von # 739603948
(© CHAINFOTO24) und # 1229720020
(© Katika), www.shutterstock.com
Layout: Simone Fleck, Schirner
Lektorat: Katja Hiller, Schirner
Printed by: Ren Medien GmbH, Germany

www.schirner.com

erweiterte Neuausgabe 2021 – 1. Auflage November 2021

ACHTSAMKEIT ist der *Samen*, der alle Tugenden in dir wachsen und *erblühen* lässt.

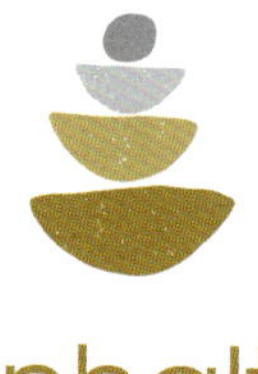

Inhalt

Lebe Augenblick
für
Augenblick,
dann gibt es
weder Richtig noch Falsch.

»Einmal Achtsamkeit, bitte!«

Es gibt fast kein Magazin, das nicht mindestens einen Artikel zu dem Thema »Achtsamkeit« veröffentlicht hat. Ausbildungen zum Achtsamkeitstrainer werden angeboten, und Achtsamkeitsseminare schießen wie Pilze aus dem Boden. Sogar Manager sitzen mit geschlossenen Augen in einem Raum und lutschen achtsam an einer Rosine und zahlen dafür eine Menge Geld. Achtsamkeit liegt im Trend! Nach dem Motto: Bist du auch schon achtsam?! Wer »in« ist, der hat sich schon damit beschäftigt, einen Kurs besucht, eine Reportage gesehen, ein Buch gelesen … Es scheint fast so, als ob man Achtsamkeit kaufen und konsumieren kann: »Einmal Achtsamkeit, bitte!« Und dann ist die Sache erledigt.

Aber ich bin ehrlich mit dir: Das ist nicht die Achtsamkeit, die dein Leben nachhaltig und vor allem zum Positiven und zum Heilsamen verändert. Denn du kannst dich sehr achtsam mit Rotwein betrinken, und auch ein guter Einbrecher knackt das Türschloss achtsam, wenn er nicht auf frischer Tat ertappt werden will. Ein erfolgreicher Banker verkauft mit achtsamem Gespür das Aktienpaket an betagte Senioren, und auch der Scharfschütze auf dem Dach braucht eine ruhige Hand und einen achtsamen Fokus, um sein Ziel zu treffen.

Die Achtsamkeit, von der ich spreche, hat nicht die Gewinnoptimierung, bessere Leistungsfähigkeit, weniger Arbeitsausfälle oder höhere Erfolgsquoten zum Ziel. Das alles sind »Nebenprodukte« der Achtsamkeit. Nein, die Achtsamkeit, die ich dir ans Herz legen möchte, ist eine, die in dir die Erkenntnis weckt, was wirklich wichtig und richtig in deinem Leben ist. Vielleicht nimmst du durch die Schulung deiner Achtsamkeit wahr, dass du gar nicht so viel Verantwortung in deinem Job tragen, dafür lieber mehr Freizeit haben möchtest. Und du erkennst später, dass die Reduzierung deines Gehalts, die mit dieser Entscheidung einhergeht, völlig in Ordnung ist – erstens, weil du weniger arbeitest und eine andere Position einnimmst, und zweitens, weil du jetzt viel weniger Frust- und Kompensationseinkäufe tätigst, da du zufriedener und ausgeglichener bist.

Mir ist es wichtig, dass du verstehst, dass Veränderung immer auf zwei Säulen basiert: tiefes Verstehen (Erkenntnis, Weisheit) und Achtsamkeit (bewusste Wahrnehmung).

Sei dir bewusst, dass Achtsamkeit dein Schlüssel zur Veränderung ist, denn deine Energie folgt immer deiner Achtsamkeit. Nur wenn du Achtsamkeit entwickelt hast, kannst du Gewohnheitsmuster und Reaktionsketten in deinem Leben erkennen, durchbrechen und verändern!

Dein Geist und dein Körper werden mit diesem kleinen Ratgeber viel »Nahrung« erhalten. Was und wie viel du davon »verdauen« möchtest, liegt ganz bei dir.

EIN KLEINER TIPP:

Lege dir ein Achtsamkeitstagebuch zu, und schreibe deine Erfahrungen auf. Selbstreflexion hilft, innere Prozesse zu erfassen. Denn in dem Moment, in dem du deine Erfahrungen in Worten ausdrücken kannst, lernst du nicht nur einfacher und schneller, sondern auch nachhaltiger! Wichtig dabei ist, dass du nie vergisst, mitfühlend mit dir selbst umzugehen. Erlaube dir, Fehler zu machen, probiere Neues aus, und mache deine eigenen Erfahrungen.

DAS LEBEN IST ZU KURZ FÜR
AUSREDEN UND UNACHTSAMKEIT!

EINE junge Frau erkundigte sich bei ihrer Meisterin, was sie tun könne, um glücklich, stark und selbstsicher zu werden, und welche Techniken ihr dabei helfen würden, inneren Frieden, Liebe und Gesundheit zu erlangen. Natürlich wollte sie auch wissen, wie man materielle Sicherheit erreicht und das bekommt, was man sich von Herzen wünscht.

Die Meisterin hörte sich die vielen Fragen und Wünsche der Schülerin geduldig an und antwortete gelassen und voller Mitgefühl: »Achte jeden Tag auf deine Gedanken, ohne sie zu bewerten. Achte jeden Tag auf deine Gefühle, ohne sie zu bewerten. Achte jeden Tag auf deine Handlungen, ohne sie zu bewerten. Achte jeden Tag auf deine Bedürfnisse, ohne sie zu bewerten. Sei ganz bei dir, achtsam, jeden Tag. Der Rest kommt dann von ganz allein.«

Alle Angaben werden vertraulich behandelt.
* Der Newsletter kann jederzeit abbestellt werden.

Name/Vorname: ____________________

Straße: ____________________

PLZ, Ort: ____________________

Telefon: ____________________

E-Mail: ____________________

Geburtsdatum: ____________________

Bitte senden Sie mir:

- ☐ weitere Informationen aus dem Schirner Verlag
- ☐ den Schirner Newsletter (nur als E-Mail*)
- ☐ das SPIRIT live & Schirner Magazin

Diese Karte entnahm ich dem Buch:

____

Würden Sie dieses Buch weiterempfehlen?

____

Vielen Dank!

Bitte freimachen, falls Marke zur Hand

Antwort

Schirner Verlag
Birkenweg 14a
D-64295 Darmstadt

Ein offener *Geist* findet OFFENE *Herzen.*

Wo bist du gerade?

Wo bist du gerade? Das ist aber eine seltsame Frage, wirst du jetzt bestimmt denken. Ich bin hier – wo denn sonst?! Aber ist das wirklich so? Sind dein Körper und dein Geist tatsächlich immer zur selben Zeit am selben Ort? Bist du jederzeit im Hier und Jetzt? Kannst du mit Gewissheit sagen, dass du ständig in der Gegenwart präsent bist? Dass du immer genau weißt, was du gerade denkst, wie du dich fühlst und was du tust? Falls dem so ist, kannst du diesen Ratgeber getrost zur Seite legen. Du hast bereits alles, was du für ein bewusstes, glückliches, zufriedenes, erfolgreiches und gelassenes Leben benötigst.

Sollte dir aber einer der folgenden Sätze bekannt und vertraut vorkommen, lohnt es sich, dieses Buch bis zum Ende zu lesen.

- Wo bin ich bloß mit meinen Gedanken?
- Schon wieder habe ich mir den kleinen Zeh gestoßen.
- Was will ich nur in diesem Zimmer?
- Wo habe ich meine Schlüssel hingelegt?
- Was hast du gerade gesagt?
- Ich kann sehr gut mehrere Dinge gleichzeitig erledigen.
- Das habe ich nicht gesehen.
- Aus Versehen habe ich das gelöscht.
- Ich habe ganz vergessen, zu sagen, dass …
- Was wollte ich gerade erzählen?
- Wie war Ihr Name?
- Das ist mir völlig egal.
- Das geht mich gar nichts an.
- Das habe ich nicht gemerkt.
- Das will ich nicht hören.
- Davon will ich nichts wissen.
- Ich bin gerade in Gedanken versunken.
- Ich spüre mich nicht.
- Ich kann nicht anders.
- Ich muss das so machen.
- Ich weiß nicht, wo mir der Kopf steht.
- Ich kann mich nicht gut konzentrieren.
- Ich bin nicht in meiner Kraft.
- Es fehlt mir an Lebensfreude.
- Ich fühle mich überfordert.
- Mir wird alles zu viel.
- Ich fühle mich überhaupt nicht wohl in meiner Haut.
- Ich muss mich jetzt mal ablenken.
- Ich will hier nicht sein.
- Wenn …, dann …

Diese Liste ließe sich noch beliebig lang fortsetzen, aber darum geht es nicht. Mir ist es wichtig, dass du verstehst, dass der Begriff »Achtsamkeit« viel mehr beinhaltet als nur Konzentration.

Achtsamkeit ist Hingabe, Sorgfalt, Interesse, Anteilnahme, Einfühlungsvermögen, Offenheit, Mitgefühl, Sammlung, Präsenz, Aufmerksamkeit, Wohlwollen, Vorsicht, Zuverlässigkeit, Genauigkeit, Wahrnehmung, Verantwortungsbewusstsein …

Lasse uns gemeinsam auch noch ein paar Begriffe betrachten, die das Gegenteil von »achtsam sein« beschreiben. Je vertrauter du mit dem Thema bist, desto besser kannst du dich im Alltag überprüfen und zurück in die Kraft des Augenblicks finden. Unachtsam sein bedeutet: gedankenlos, abwesend, leichtfertig, achtlos, fahrlässig, gleichgültig, lieblos, nachlässig, unaufmerksam, ohne Sorgfalt, verträumt, unvorsichtig, abgelenkt und verantwortungslos sein. Ich finde es immer wieder faszinierend, welch eine Vielzahl von Eigenschaften in einem einzigen Begriff steckt!

Achtsamkeit findet immer nur im Hier und im Jetzt statt, im gegenwärtigen Moment. Achtsam sein, das muss man nicht nur wollen, sondern man muss es auch üben! Achtsamkeit ist eine geistige Haltung, eine wertvolle Tugend, die stets von Neuem in der Gegenwart, praktisch mit jedem Atemzug, kultiviert und praktiziert werden will. Je öfter du dich behutsam, aber bestimmt daran erinnerst, mit deinem Körper und mit deinem Geist in den Augenblick zurückzukehren, desto leichter wird es dir fallen, Achtsamkeit zu einer heilsamen Gewohnheit, zu deiner positiven, vertrauten und ständigen Begleiterin, werden zu lassen. Mit ihr hast du eine treue Verbündete an deiner Seite, die dir Gelassenheit, Lebensfreude, Akzeptanz, wahre Werte, Zeit und Energie schenkt!

An dieser Stelle möchte ich eine Geschichte mit dir teilen, die dir den Wert der Achtsamkeit noch einmal prägnant vor Augen führt:

EIN alter Mann ging spazieren. Er liebte es, durch den Wald zu schlendern. Gern hörte er den Vögeln beim Singen zu, beobachtete die scheuen Rehe und erfreute sich am frischen und belebenden Duft der Tannen. Auf seinem Weg begegnete er einem jungen Holzfäller, der angestrengt einen Baumstamm zersägte. Der Mann schien sehr unter der schweren Arbeit zu leiden. Sein Gesicht war gezeichnet von den Strapazen, und er schwitzte und stöhnte.
Der alte Mann kam näher, um zu erkunden, weshalb das Zersägen des Stamms so viel Mühe bereitete. Schnell erkannte der versierte Mann den Grund für die Beschwerden des jungen Holzfällers und begrüßte ihn höflich: »Guten Morgen, junger Mann, wieso machen Sie es sich so schwer? Ich erkenne, dass Ihre Säge ganz stumpf ist. Wenn Sie Ihr Werkzeug schleifen, geht Ihnen Ihre Arbeit viel leichter von der Hand. Sie sparen nicht nur Zeit, sondern auch Energie!«
Ohne den anderen eines Blickes zu würdigen, entgegnete der Holzfäller verärgert: »Ich habe keine Zeit dafür, ich muss den Baum zersägen!«

Mit diesem Ratgeber möchte ich dir ein paar einfache, aber sehr wirkungsvolle Übungen und Techniken zur Schulung und Entwicklung deiner Achtsamkeit mit auf den Weg geben. Fühle dich frei, nach Lust und Laune eine Übung herauszusuchen. Erlaube dir, zu experimentieren und neue Erfahrungen zu machen. Es ist wichtig und richtig, dass du mit Gelassenheit,

Freude und einem offenen Herz-Geist praktizierst. Du wirst feststellen, wie wertvoll und bereichernd es ist, dich nicht nur intellektuell, sondern auch ganz praktisch mit diesem wichtigen Thema auseinanderzusetzen. Schnell spürst du, wie viel Freude es dir macht, die Theorie in deinen Alltag zu integrieren und die wirkungsvollen Tipps und Tricks umzusetzen.

Es macht einfach glücklich, wenn Körper und Geist zur selben Zeit am selben Ort sind, denn der Augenblick ist der einzige Moment, in dem unser Leben tatsächlich stattfindet!

Mögen dich meine Worte zu mehr Präsenz und Tiefe im Augenblick führen, damit du in deinem Alltag mehr Freude, Mut, Vertrauen und Gelassenheit erlebst.

Mit achtsam verbundenen Grüßen deine
Sandy Taikyu Kuhn Shimu

Jede
Veränderung
beginnt in diesem
AUGENBLICK.

Finde in den Moment zurück!

Ich habe ein kleines Ritual, das ich vor jedem Unterricht, jeder Lesung, jedem Vortrag und jedem Seminar praktiziere und gern mit dir teilen möchte. Ja, sogar meine persönlichen Beratungen beginnen immer mit dieser wundervollen Achtsamkeitsübung, in die ich meine Schüler und Klienten einbeziehe. Alle schätzen dieses Ritual sehr, denn es hilft, sowohl körperlich als auch gedanklich ganz in der Gegenwart anzukommen.

Du kennst das bestimmt aus deiner eigenen Erfahrung: Du telefonierst noch schnell, kaufst rasch etwas ein, wirfst einen flüchtigen Blick auf die E-Mails, erledigst noch kurz dies und das, bevor du einen Termin hast oder etwas anderes machst. Und dann sitzt du auf dem Stuhl im Seminarraum, auf dem Kissen in der Meditationshalle, auf der Yogamatte, zu Hause vor dem Fernseher, mit den Kids im Spielzimmer oder beim Candle-Light-Dinner mit deinem Partner im edlen Restaurant, und trotzdem bist du ganz woanders!

Dieses Ritual kannst du immer dann durchführen, wenn du spürst, dass du abgelenkt bist, wenn deine Gedanken Achterbahn fahren, wenn du nervös bist oder dich nicht richtig konzentrieren kannst. Es hilft dir aber auch, wenn du verärgert bist, an Vergangenem festhältst oder dir zu viele Gedanken um

Zukünftiges machst. Ich finde, dass es einen neutralen Raum erschafft, der gerade auch im Zwischenmenschlichen so wichtig und wertvoll ist!

Es ist mir ein großes Anliegen, auch dieses Buch mit meinem Ritual zu beginnen. Lies die Übung in Ruhe, und schließe danach die Augen. Wiederhole das Gelesene für dich selbst. Dabei spielt es keine Rolle, ob du den exakten Wortlaut wiedergibst oder deinen eigenen findest. Entscheidend ist, was in dir und mit dir geschieht.

Das Ritual zum Ankommen

Nimm eine stabile und aufrechte Sitzhaltung ein. Du kannst die Übung auch im Stehen durchführen, dann achte auf einen sicheren Stand. Schließe deine Augen, und entspanne deine Gesichtszüge. Verbinde dich mit deiner ganz natürlichen Atmung.

Erlaube dir, ganz im Hier und Jetzt anzukommen. Das heißt: Lasse alles los, was war – es ist Vergangenheit, es ist geschehen. Es ist nicht mehr da. Du hast keinen Einfluss mehr darauf. Lasse ganz bewusst los!

Kümmere dich jetzt auch nicht um das, was kommt, um die Dinge, die anstehen, oder die Sachen, die vielleicht eintreffen werden. Die Zukunft ist noch nicht da. Lasse ganz bewusst los!

Erlaube dir, mit deinem Körper, deinen Gefühlen und deinen Gedanken ganz in diesen Augenblick zu kommen. Nur in diesem Moment, in diesem Augenblick, findet dein Leben statt. Es gibt nur eine Zeit, und diese Zeit heißt Gegenwart! Nur im Hier und Jetzt kannst du Einfluss auf dein Leben nehmen. Nur im Hier und Jetzt bestimmst du, wie du dich fühlst, was du denkst und wie du handelst!

Verbinde dich aus dieser gelassenen und wertfreien geistigen Haltung mit deinem inneren Lächeln. Erlaube dir, dieser tiefen Kraft auch Ausdruck zu verleihen, indem du ganz entspannt und natürlich lächelst.

Führe deine Handflächen vor deinem Körper auf der Höhe deines Herzens zusammen. Nimm bewusst wahr, wie sich deine Finger berühren. Du spürst die Verbindung zwischen den kleinen Fingern, den Ringfingern, den Mittelfingern, den Zeigefingern und den Daumen. Du spürst auch die Berührungspunkte deiner Daumen- und Handballen. Jetzt nimmst du den kleinen Hohlraum in der Handmitte wahr, dort, wo sich deine Handflächen nicht berühren. Verbinde dich mental mit diesem freien Raum, mit diesem unendlichen Potenzial, mit dieser Offenheit und Freiheit.

Verweile für ein paar Atemzüge in diesem offenen Gewahrsein, und genieße die Präsenz dieser reinen Wahrnehmung. Beende diese Übung, wann immer du möchtest.

ES ging schon seit einiger Zeit das Gerücht um, dass der große braune Bär eine Todesliste vorbereitet hatte. Die Verunsicherung bei den anderen Waldbewohnern war entsprechend groß. Alle hatten Angst und fragten sich, ob auch sie auf dieser Liste standen. Der Hirsch konnte mit dieser Ungewissheit nicht leben und entschloss sich, den Bären zu fragen: »Sag mal, stehe ich auch auf deiner Liste?« Der Bär nickte, und schon nach wenigen Tagen fand man den Hirsch tot.

Die Unruhe im Wald wurde immer größer, und so nahm auch der Eber seinen Mut zusammen und erkundigte sich beim Bären: »Stehe auch ich auf deiner Todesliste?« – »Ja, auch du stehst auf meiner Liste!«, antwortete der Bär dem Eber. Voller Entsetzen rannte das arme Tier davon und wurde nur wenige Tage später erlegt aufgefunden. Alle anderen Tiere versteckten sich, und keiner traute sich mehr, den Bären aufzusuchen.

Nur der ängstliche Hase fasste sich ein Herz und fragte mit zittriger und leiser Stimme nach: »Du, Bär, sag mal, stehe ich auch auf deiner Liste?« Der Bär entgegnete dem kleinen Hasen: »Ja, auch du stehst auf meiner Liste!« – »Könntest du mich bitte davon streichen?«, erkundigte sich der Hase scheu. Der Bär erwiderte: »Ja klar, gar kein Problem!«

Achtsamkeit

ist der SCHLÜSSEL zu
einem GLÜCKLICHEN Leben.

Was bedeutet achtsam leben?

Um diese Frage zu beantworten, bedarf es nochmals einer kurzen vertiefenden Erläuterung dessen, was ich unter dem Begriff »Achtsamkeit« verstehe. Stelle dir die Achtsamkeit als das Fundament eines großen Hauses vor. Je kräftiger und stabiler das Fundament ist, desto größer, höher und sicherer kannst du dein Haus darauf bauen. Achtsamkeit ist dein persönliches, essenzielles Fundament für Zufriedenheit, Klarheit, Bewusstheit, Ruhe, Gelassenheit, Stabilität und Gleichmut in deinem Leben. Achtsamkeit steht aber auch für sich allein und bedeutet Präsenz, offenes Gewahrsein, Besinnung, Kraft, Fähigkeit oder Gründlichkeit. Sie wird oft mit Konzentrationsfähigkeit gleichgesetzt – das ist nicht grundlegend falsch, aber es greift viel zu kurz.

Achtsamkeit ist die bewusste Wahrnehmung, das neutrale Beobachten, die absolut wertfreie Präsenz in der Gegenwart, und zwar gegenüber dir selbst, d. h. gegenüber deinen Gedanken, Gefühlen, Emotionen und Empfindungen aller Sinne, und gegenüber anderen Menschen, Situationen und der Umgebung.

Achtsam sein und leben heißt also, dass du deinen Fokus ausdehnst, dein Bewusstsein erweiterst und deine Wahrnehmung erhöhst. Dieser offenen geistigen Haltung steht die Konzentrationsfähigkeit gegenüber. Wenn du dich auf etwas konzentrierst, z. B. auf diesen Text oder auf eine Flamme, dann ist dein Fokus nicht nur eng, sondern auch zeitlich begrenzt. Beim Konzentrieren geht es ja genau darum, dass du alles um dich herum vergisst, abschaltest, ausblendest und einschränkst. Achtsamkeit ist genau das Gegenteil. Stelle es dir als Panorama-Bewusstheit vor. Dieser Begriff beschreibt eine offene, weite und grenzenlose Geisteshaltung. So verstanden, fördert Achtsamkeit dein Mitgefühl und dein Verständnis im Umgang mit dir selbst und mit deinen Mitmenschen. Sie schenkt dir die Möglichkeit zur Transformation. Denn durch achtsames Beobachten kannst du Einfluss auf dein Denken, Fühlen und Handeln nehmen. Damit meine ich, dass du durch wertfreies Betrachten erkennst, was sich richtig anfühlt, was heilsam und gut für dich ist. Gleichzeitig hast du auch die wunderbare Gelegenheit, zu erfahren, was dich schwächt und welche Wiederholungen dich negativ beeinflussen. Im Gegenzug kannst du dann die positiven und heilsamen Eigenschaften und Gewohnheitsmuster fördern.

Achtsamkeit bedeutet, ganz in die Gegenwart zu kommen, ohne Anspruch, ohne Erwartung und ohne Konzepte. Du lernst, jeden Moment so wahrzunehmen und anzunehmen, wie er ist. Im Alltag geschieht aber meist genau das Gegenteil: Wir interpretieren, greifen ein, wollen bestimmen und Einfluss nehmen. Wir möchten die Wirklichkeit verändern und verkennen dabei die Realität. Wir sind nicht bereit, die Welt so zu sehen, wie sie tatsächlich ist. In Wahrheit biegen wir uns jeden Tag die Welt zurecht und wundern uns dann, weshalb wir unglücklich, ausgelaugt, kraftlos und unzufrieden sind. Wir beschweren uns, dass uns nichts dauerhaft glücklich macht, erfüllt und befriedigt.

So holst du dir die Achtsamkeit in den Alltag zurück!

Achtsam leben meint, dass du:

- nur noch eine Tätigkeit zur selben Zeit erledigst und nicht mehrere Sachen gleichzeitig bewältigen willst.
- der jeweiligen Arbeit, die du verrichtest, oder der Person, der du begegnest, deine volle Aufmerksamkeit schenkst.
- dein Leben entschleunigst und dir Momente der Besinnung, der Muße und der Selbstreflexion gönnst.
- jedes Leben achtest und Mitgefühl und Wertschätzung gegenüber allen Wesen entwickelst.
- dich in großzügigem Verhalten übst und bereit bist, zu teilen.
- deinen Geist für Neues offen hältst.
- dich nicht an Dogmen und Theorien klammerst.
- deine persönlichen Ansichten und Meinungen immer wieder überprüfst.
- dir deiner sexuellen Verantwortung bewusst bist und die Integrität von Paaren schützt und respektierst.
- deine Sprache wohlwollend, klar und ehrlich einsetzt und mitfühlend, wertfrei und offen zuhörst.
- dir und anderen vergibst.

- inneren und äußeren Frieden kultivierst, Konflikte beendest und keine neuen Ursachen mehr setzt, die zu Zwietracht und Streit führen.

- sorgsam und sparsam mit den Ressourcen der Welt umgehst.

- deinen Körper pflegst, deinen Geist schulst und einfach und gesund lebst.

- einer Arbeit nachgehst, die dich und andere zu besseren Menschen macht.

- deine Hilfe anbietest und zum Wohle der Gesellschaft denkst, fühlst und handelst.

- einen verantwortungsbewussten Umgang mit bewusstseinsverändernden und/oder bewusstseinsbeeinflussenden Substanzen pflegst. Neben Nikotin, Alkohol und Drogen zählen für mich dazu auch Medikamente, das Internet, die sozialen Medien, die Zeitung, der Fernseher, das Smartphone und der Laptop.

- deine positiven und deine negativen Emotionen, Gefühle und Empfindungen zur rechten Zeit, am rechten Ort und im rechten Maß heilsam ausdrücken kannst.

- dir immer wieder vor Augen führst, was du alles hast, und dich nicht von dem ablenken lässt, was dir vermeintlich noch alles fehlt.

- regelmäßigen Kontakt mit Menschen pflegst, die dich auf dem Weg zu mehr Bewusstheit, Respekt, Mitgefühl, Weisheit und Achtsamkeit unterstützen.

EINE fleißige Bäuerin pflanzte sehr hochwertigen, biologischen und schmackhaften Reis an, der bei Groß und Klein im Dorf, in der ganzen Stadt, ja, sogar weit über deren Grenzen hinaus sehr beliebt und begehrt war. Auf der jährlichen Messe für Landwirtschaft gewann sie immer den ersten Preis.

Ein Reporter, der die engagierte Frau eine Zeit lang begleitet hatte, war darüber verwundert, dass sie die wertvollsten und besten Samen auch mit allen anderen Nachbarn im Dorf teilte. Auf die Frage nach dem Grund ihres merkwürdigen Verhaltens erklärte die Bäuerin lächelnd: »Es ist so: Der Wind trägt die Pollen von Feld zu Feld. Und wie es für ihn keine Grenzen gibt, so sind auch wir alle miteinander verbunden. Wenn also meine Nachbarn minderwertiges Saatgut verwenden, dann beeinflusst das auch meine Ernte. Es liegt somit auch ganz in meinem Interesse, dass meine Nachbarn nur den besten Reis anpflanzen.«

ACHTSAMKEIT ist die Kraft, die *frei* und *unabhängig* macht.

4 x einfach achtsam

Wenn du wieder einmal das Gefühl hast, dass alles drunter und drüber geht, und du befürchtest, den Verstand zu verlieren, oder du nicht mehr weißt, wo dir der Kopf steht, helfen dir diese vier Tipps. Sie haben sich in der Praxis als äußerst wirksam erwiesen. Probiere sie aus, du wirst positiv überrascht sein. Ja, das Leben kann wirklich so einfach sein!

Drücke den »Stopp«-Knopf!
Halte inne, und unterbrich für einen Moment das,
was du gerade tust, denkst oder fühlst.

Nimm bewusst wahr!
Beschreibe, was gerade in dir,
mit dir und um dich herum geschieht.

Verbinde dich mit dir selbst!
Konzentriere dich auf deinen Atem.
Atme ganz bewusst ein und aus.

Ändere die Situation!
Du bestimmst zu jeder Zeit, was du denken, was du fühlen und
wie du handeln möchtest. Alles ist relativ und veränderbar.
Mache Gebrauch von dieser Freiheit!

Die *Weisheit*
des LEBENS
besteht in der Kunst,
Unwesentliches
AUSZUBLENDEN.

So funktioniert dein Geist

Vier grundlegende Zustände des Geistes spielen in unserem Leben eine wichtige Rolle, denn wir sind permanent mit einem dieser Zustände konfrontiert: der Affengeist, der Expertengeist, der Elterngeist und der Anfängergeist. Aus dem heilsamen Zusammenspiel von Elterngeist und Anfängergeist ergibt sich ein fünfter geistiger Zustand, den ich den »Herz-Geist« nenne.

Der Affengeist

Du kennst bestimmt deinen Affengeist, der unruhig von Gedanke zu Gedanke hüpft? Er plappert unentwegt, begehrt, verurteilt, ist nie mit etwas zufrieden und lässt dich leiden. Er zeigt dir auf, was du nicht bist und was du nicht hast. Er orientiert sich am Mangel. Ich nenne ihn deshalb auch den hungrigen Geist, weil er nie satt wird und nicht genug bekommen kann. Der Affengeist schwingt sich also von einem Gedanken zum nächsten. Rastlos turnt er hin und her und weckt Begierde und Angst. Immer in der Vergangenheit oder in der Zukunft verhaftet, raubt er dir die Gegenwart. Dieser Geist ist unruhig. Er bekämpft und kritisiert. Er wertet, urteilt und trennt.

Du kannst deinen Affengeist leicht enttarnen, denn er offenbart sich unter anderem in den nachfolgenden Bemerkungen oder Gedanken:

- Wenn ich erst einmal …, dann werde ich …
- Mir fehlt …
- Zuerst muss ich noch …
- Ich habe keine Zeit.
- Ich will …
- Ich muss …
- Ich darf nicht …
- Ich kann nicht …
- Ich bin nicht gut genug.
- Ich bin im Stress.
- Ich bin unter Druck.
- Warum immer ich?
- Das Leben ist nicht gerecht.
- Alle, nur ich nicht.

Für ein achtsameres Leben zügle deinen Affengeist:

- Bringe Klarheit in dein Leben.
- Schaffe dir jeden Tag kleine Inseln der Ruhe und Entspannung.
- Erledige immer nur eine Sache auf einmal.
- Reagiere nicht unmittelbar, sondern lasse dir Zeit, um eine Entscheidung zu fällen.
- Versuche, weniger zu planen.
- Erlaube dir, den Moment zu genießen.
- Kultiviere die geistige Haltung, dass das Glas halb voll ist.
- Erlaube dir, auch etwas nicht zu wissen und etwas nicht zu tun.
- Erfreue dich an kleinen Erfolgen.
- Führe dir immer wieder vor Augen, dass alle Menschen miteinander verbunden sind.

- Übernimm die Verantwortung für dein Leben.
- Akzeptiere, dass du Fehler machen wirst und dass du nicht perfekt bist.
- Erkenne, dass du bereits alles besitzt, was du für ein Leben in Fülle benötigst.
- Höre auf, es allen recht machen zu wollen.
- Löse dich von der irrigen Vorstellung und dem falschen Anspruch, von allen geliebt zu werden.

Der Expertengeist

Dein Expertengeist ist selbstbezogen, weiß immer alles besser und hat auf alles eine Antwort parat. Er trennt, fordert und ist gierig. Dieser Geist gaukelt dir vor, dass nur du weißt, wie etwas geht. Er ist eng, geizig und immer nur auf sein Wohl bedacht. Da er nicht mehr offen für neues Wissen ist, beraubt er dich neuer Erfahrungen und Erkenntnisse. Seine geistige Schale ist voll. Dieser Geist fühlt sich nicht mehr angesprochen. Er genügt sich selbst und hat die Fähigkeit verloren, sich selbst zu beobachten, zu analysieren und zu korrigieren.

Auch der Expertengeist setzt sich in deinem Denken fest oder drückt sich in deiner Sprache aus. So z. B.:

- Ich weiß, aber …
- Das habe ich mir verdient.
- Das habe ich schon immer so gemacht.
- Das macht man nicht. oder: Das gehört sich nicht.
- Das glaube ich nicht.
- Das habe ich nicht erwartet. oder: Damit habe ich nicht gerechnet.

- Solange es für mich reicht, …
- Nach mir die Sintflut.
- Geht nicht gibt's nicht.
- Geiz ist geil.
- Sind die anderen zu stark, bist du zu schwach.
- Jetzt bin ich aber an der Reihe.
- Jeder für sich.
- Ich erwarte von mir … oder: Ich erwarte von dir …

Für ein achtsameres Leben verringere deinen Expertengeist:
- Bleibe offen für Neues.
- Erfreue dich an Unerwartetem.
- Erledige auch Bekanntes und Vertrautes mit deiner ganzen Hingabe und Aufmerksamkeit, so, als wäre es das erste Mal.
- Führe alle Tätigkeiten mit Dankbarkeit und Bewusstheit aus.
- Verbinde dich mit den Menschen, die dich umgeben.
- Lasse die Menschen an deinem Wissen und deinem Erfolg teilhaben.
- Verlasse zwischendurch den Pfad deiner Gewohnheiten.
- Lasse dich nicht von der Routine oder von vorgefassten Ansichten leiten.
- Kultiviere eine Haltung der Toleranz.
- Sei demütig, bescheiden und großzügig.
- Löse dich von Erwartungen an dich selbst und an andere.
- Lerne, dir selbst und vor allem auch anderen zu vertrauen.
- Lasse den Anspruch auf Perfektion und Allgemeingültigkeit los.
- Übernimm Verantwortung für dein Denken, Fühlen und Handeln.
- Löse dich von alten Mustern.
- Erlaube dir, neue Wege zu gehen und neue Erfahrungen zu machen.

Der Elterngeist

Der Elterngeist ist geduldig und nachsichtig. Er erkennt und nährt das Gute in dir und in jedem Wesen. Er ist verantwortungsbewusst, hat die Gabe, loszulassen, und fördert deine innere Freiheit. Er liebt bedingungslos, absolut und ohne Vorbehalte, und er erkennt das Positive in dir und in den anderen Menschen. Er ist beschützend, umsorgend, interessiert und von einer natürlichen Güte und Warmherzigkeit. Er kann mitfühlen, erklären und sich über Erfolge freuen.

Der Elterngeist kann sich folgendermaßen anhören:

- Du kannst …
- Du darfst …
- Ich bin für dich da, egal, was passiert.
- Du schaffst das.
- Wir finden eine Lösung.
- Das kriegen wir in den Griff.
- Geh deinen eigenen Weg.
- Triff deine eigenen Entscheidungen.
- Du kannst immer auf meine Hilfe zählen.
- Ich fühle mit dir.
- Ich danke dir.
- Das habe ich gern gemacht.
- Das ist doch selbstverständlich.
- Ich helfe dir.
- Ich erkläre es dir.
- Ich fühle mit dir.

Für ein achtsameres Leben kultiviere deinen Elterngeist:

- Entwickle Mitgefühl und Toleranz, auch wenn nicht immer alles nach Plan läuft.
- Sei geduldig mit dir und deinen Mitmenschen.
- Nähre das Gute, Heilsame und Förderliche in dir und in den anderen.
- Setze dich für Gerechtigkeit ein.
- Kultiviere Frieden.
- Höre aufmerksam zu.
- Schenke jedem den gleichen Respekt.
- Respektiere andere Meinungen und Ansichten.
- Versuche, dich in andere Menschen hineinzuversetzen.
- Biete selbstlos deine Hilfe an.
- Denke in Lösungen und nicht in Problemen.
- Erlaube dir, groß zu denken.
- Vertraue auf deine Fähigkeiten.
- Verbinde dich mit deinem edlen Kern, deiner wahren Natur, deiner Intuition.
- Schenke ohne Erwartung, und teile ohne Gegenleistung.

Der Anfängergeist

Der Anfängergeist zeigt sich in dir, wenn du offen und natürlich bist. Er ist mitfühlend, ursprünglich und achtsam. Er erlaubt dir, an eine Sache vorbehaltlos heranzugehen. Der Anfängergeist ist leer, frei von Erwartungen, frisch und lebendig. Er ist bereit, sich zu verändern und zu lernen, ist intuitiv, verbindend, dankbar und mitfühlend. In ihm ist kein Platz für Egozentrik oder Rechthaberei.

Der Anfängergeist macht sich in deinem Denken und in deiner Sprache so bemerkbar:

- Es ist gut so, wie es ist.
- Ich freue mich, egal, wie es wird.
- Ich glaube …
- Ich vertraue …
- Ich hoffe …
- Ich kann …
- Ich versuche …
- Ich bin offen für Neues.
- Ich liebe …
- Ich fühle …
- Ich bin …
- Ich nehme an …
- Ich höre zu.
- Ich bin präsent.
- Ich bin zufrieden.

Für ein achtsameres Leben fördere deinen Anfängergeist:

- Lasse dich immer wieder begeistern und überraschen.
- Probiere Neues aus.
- Liebe bedingungslos.
- Lasse alle Erwartungen an dich und das Leben los.
- Genieße den Moment.
- Erkenne das Positive.
- Schätze Direktheit, Ehrlichkeit und Offenheit.
- Nutze Chancen, die sich dir bieten.
- Nimm das Leben in seiner ganzen Fülle und Schönheit an.
- Sei du selbst.
- Lebe deine Kreativität.
- Lasse Vergangenes los.
- Verzeihe dir und anderen.
- Verliere dich nicht in Gedanken an die Zukunft. Du kannst Pläne schmieden, aber komme wieder in die Gegenwart zurück.

Dein Ziel ist es also, deinen Affengeist zu zügeln und deinen Expertengeist zu verringern. Gleichzeitig solltest du deinen Elterngeist kultivieren und deinen Anfängergeist fördern, denn nur so gelingt es dir, deinen Herz-Geist zu berühren.

Der Herz-Geist

Der Begriff »Herz-Geist« hat eine sehr schöne und tiefe Bedeutung. Das chinesische Schriftzeichen für Achtsamkeit setzt sich aus den Wörtern »Jetzt« und »Geist« bzw. »Herz« zusammen. Mit dem Herzen und dem Geist im Hier und Jetzt anwesend zu sein, in den Moment zurückzukehren, das bedeutet Achtsamkeit. In der chinesischen Philosophie und Medizin sagt man, dass das Herz den Geist beheimatet bzw. den Geist nährt. Das Herz ist der Ort, an dem sich etwas bewegt, in ihm können wir die Auswirkungen des Geistes wahrnehmen. Achtsamkeit verhilft dir zu einer wirklichen Präsenz und zu mehr Energie im Augenblick. Sie ist die Erfahrung des Augenblicks, das Leben selbst. Der Herz-Geist entsteht genau dann, wenn Tun und Sein zusammenfallen. Er ist ein geistiger Zustand der reinen Wahrnehmung, des klaren Bewusstseins dessen, was ist, frei von Kommentaren und Bewertungen, der immer dann eintritt, wenn das diskursive Denken erlischt. Jetzt tauchst du in das Leben ein. Erst in diesem Moment ist ein Leben deiner wahren Natur, deinem authentischen Selbst entsprechend möglich. Jeder Augenblick wird dann ein reiner Ausdruck der unbegrenzten Weisheit, der offenen Weite.

Den Herz-Geist im Alltag zu (er-)leben, bedeutet, dass du dich dem Fluss des Lebens anvertraust, nichts festhältst, nichts ergreifst, nichts wegstößt und nichts unterdrückst. Du bist einfach authentisch da! Und dieses Dasein ist die Kraft, die dich selbstbewusst, frei und unabhängig macht.

EINE große Zen-Meisterin erhielt Besuch von ein paar Menschen, die auf der Suche nach dem Geheimnis der Zufriedenheit waren. »Große Meisterin, was ist das Geheimnis der Zufriedenheit? Was ist dein Rezept, um glücklich und zufrieden zu sein?«, fragten die Suchenden.

Die Meisterin gab zur Antwort: »Wenn ich liege, dann liege ich. Wenn ich aufstehe, dann stehe ich auf. Wenn ich stehe, dann stehe ich. Wenn ich gehe, dann gehe ich. Wenn ich hungrig bin, dann esse ich. Wenn ich durstig bin, dann trinke ich. Wenn ich müde bin, dann schlafe ich, und wenn ich die Dinge verrichten muss, dann gehe ich zur Toilette.«
Die Besucher waren etwas verwirrt und schauten sich ungläubig an. Dies konnte doch nicht das wahre Geheimnis der Zufriedenheit sein, und so erkundigte sich einer: »Große Meisterin, treibe keine Scherze mit uns. Wie du weißt, liegen, stehen, gehen, essen und trinken auch wir, und trotzdem sind wir nicht zufrieden und glücklich.«

Die Meisterin erkannte, dass die Menschen sie nicht verstanden, und fügte deshalb hinzu: »Du hast recht: Ihr liegt, steht, geht, esst und trinkt. Nur wenn ihr liegt, dann denkt ihr bereits ans Aufstehen. Wenn ihr aufsteht, dann denkt ihr bereits ans Gehen. Wenn ihr geht, denkt ihr bereits ans Essen. Wenn ihr esst, dann denkt ihr bereits ans Trinken … Körper und Geist sind bei euch nie zum selben Zeitpunkt am selben Ort.

Eure Gedanken sind entweder in der Vergangenheit oder aber in der Zukunft. Das Leben findet jedoch nur in der Gegenwart statt, und nur in der Gegenwart habt ihr die Möglichkeit, Zufriedenheit und Glück zu erfahren.«

Erfolg ist,
mit dem LEBEN
eins zu sein.

Die Flussmeditation

Mit dieser schönen Übung kannst du deinen Herz-Geist wunderbar entwickeln und die Kunst der Achtsamkeit und des Loslassens weiter vertiefen. Die Flussmeditation hilft dir dabei, dich dem eigenen Lebensfluss anzuvertrauen, das Leben in der Gegenwart voll und ganz anzunehmen und es zu genießen. Du kannst den Text auch laut vorlesen und dich dabei auf deinem Smartphone aufnehmen. Auf diese Weise kannst du die Meditation jederzeit hören und dich besser auf sie einlassen.

Ablauf

Nimm deine bevorzugte Meditationshaltung im Sitzen ein. Schließe deine Augen, und entspanne deinen Körper. Atme ganz natürlich und entspannt durch die Nase ein und aus.

Stelle dir vor deinem geistigen Auge einen Fluss vor. Setze dich ans Ufer dieses Flusses, und beobachte die Strömung. Du siehst, wie das Wasser unaufhörlich an dir vorbeifließt. Stehe auf, und gehe in den Fluss hinein. Spüre, wie das Wasser deine Füße umspült. Gehe tiefer in den Fluss hinein, weiter in Richtung der Strömung … weiter und weiter, bis dich das Wasser zu tragen beginnt.
Lasse dich nun einfach nur treiben. Lasse los, und vertraue dich deinem Lebensfluss voll und ganz an. Egal, wie sanft

oder unruhig die Reise auf dem Fluss auch sein mag, nimm keinen Einfluss darauf. Du bleibst ruhig und entspannt, du lässt los und lässt dich treiben.

Wenn Gedanken, Emotionen, Sorgen oder Ängste in dein Bewusstsein treten, stoße sie nicht von dir weg. Verdränge sie nicht. Nimm sie an. Akzeptiere sie als einen momentanen Bestandteil deiner Situation, aber identifiziere dich nicht mit ihnen. Du bist mehr als deine Gedanken, Gefühle und Emotionen. Lasse sie bewusst los, lasse sie wie Vögel oder Wolken am Himmel vorbeiziehen.

Nimm dir Zeit, und erlaube dir, alles loszulassen, was dich beschäftigt, beunruhigt, ängstigt, stört oder dir Sorgen bereitet. Lasse los, vertraue deiner wahren inneren Natur, deinem wahren Wesen, deinem wahren Selbst, deiner Intuition. Lasse dich in deinem Lebensfluss treiben, lasse alles los.

Loslassen … treiben lassen … loslassen und treiben lassen …

Genieße diesen Augenblick der Ruhe, der inneren Zufriedenheit, der Gelassenheit und der Harmonie. Du spürst die Energie, die Freiheit, das Vertrauen und die Zuversicht, die sich in deinem Körper und Geist entwickeln. Du spürst sie umso intensiver, je mehr du loslassen kannst.
Das Wichtigste ist: Sei jederzeit fähig, das loszulassen, was du bist, für das, was du werden kannst.

Lenke deinen Fokus nun ganz bewusst auf deine Atmung. Atme tief ein und aus. Bewege deinen Körper, recke und strecke dich. Öffne deine Augen, und komme im Hier und Jetzt an.

ES ist üblich, dass Schüler des Zen mindestens zehn Jahre lang bei ihrer Meisterin studieren, bevor sie entweder auf Wanderschaft gehen oder selbst beginnen, andere Schüler in der Lehre zu unterrichten. Eine begabte Schülerin, die vor gut einem Jahr zur Lehrerin ernannt worden war, kehrte auf einen Besuch bei ihrer Meisterin in den Tempel zurück. Da es regnete, kam die Schülerin mit Holzschuhen und einem Regenschirm.

Die Meisterin freute sich über die Aufwartung ihrer ehemaligen Schülerin. Sie begrüßte sie respektvoll und erkundigte sich dann: »Du hast deine Holzschuhe, wie es die Tradition verlangt, im Vorraum des Meditationsraumes abgestellt. Bitte sage mir, ob du deinen Schirm links oder rechts davon platziert hast.« Die Schülerin hatte mit dieser Frage nicht gerechnet. Sie konnte sich nicht daran erinnern und schwieg betroffen.

In diesem Moment erkannte sie, dass sie ihre Achtsamkeit noch nicht in jedem Moment im Hier und Jetzt aufrechterhalten konnte. So entschied sie noch am selben Tag, weitere fünf Jahre bei ihrer Meisterin zu bleiben, um zu lernen, wie sie mit ihrem Geist wirklich in jedem Augenblick in der Gegenwart verweilen konnte.

Mit dem Flügelschlag
eines Schmetterlings
verändert
sich die ganze Welt.

Den Himmel auf Erden finden

Jeder Mensch trägt die vier Tugenden oder Qualitäten des Herzens in sich: **Liebe, Mitgefühl, Mitfreude und Gleichmut.** Je mehr du dich mit ihnen auseinandersetzt und diese Eigenschaften in dir selbst stärkst, nährst und kultivierst, desto glücklicher, freier und zufriedener wirst du sein.

Liebe

Liebe meint, eine geistige Haltung des Wohlwollens, des Mitempfindens, der Großzügigkeit, der Sympathie und der Freundlichkeit allen Wesen gegenüber zu pflegen. Liebe wird hier nicht im romantischen Sinne verstanden. Es handelt sich dabei um eine universelle Liebe, eine liebende Güte, die in einem aktiven, uneigennützigen Interesse an den Mitmenschen zum Ausdruck kommt. Um Liebe entwickeln zu können, entscheidest du dich bewusst dafür, verletzende Handlungen, Böswilligkeit, Abneigung, Verbitterung und Voreingenommenheit immer wieder loszulassen und durch heilsame Gedanken und Taten zu ersetzen. Eine ganz einfache Übung ist es, in dir und den anderen das Gute zu sehen und dich selbst und andere dazu zu motivieren, Gutes zu tun. Unglücklicherweise neigt unsere Gesellschaft dazu, den schlechten Nachrichten mehr Aufmerksamkeit und

Präsenz zu geben. Wenn du Liebe kultivieren möchtest, beschließe, den positiven Meldungen ab heute ganz bewusst mehr Aufmerksamkeit und Platz in deinem Alltag zu schenken.

Mitgefühl

Mitgefühl ist die Fähigkeit, mit anderen Menschen mitzufühlen, ohne daran selbst zu zerbrechen. Mitgefühl unterscheidet sich deutlich von Mitleid. Wenn du Mitgefühl für einen anderen Menschen und dessen Situation empfindest, bleibst du handlungsfähig. Du fühlst mit und kannst intuitiv die richtige Hilfe anbieten. Du bleibst bei klarem Verstand, bei wachem Bewusstsein und kannst dich abgrenzen und dadurch erfühlen, was der andere gerade am nötigsten braucht. Wenn du hingegen mit einer Person mitleidest, verschließt du dich durch die übernommenen Emotionen. Mitleid grenzt ein, verengt die Sicht und verhindert konstruktive Denk- und Lösungsansätze. Trainiere dein Einfühlungsvermögen, indem du deine natürliche Gabe des Zuhörens und des Hinschauens wieder aktivierst. Handle ethisch, öffne dein Herz, nimm Anteil an anderen Menschen und deren Schicksal, und schenke ihnen durch Mitgefühl innere Kraft und Zuversicht.

Mitfreude

Mitfreude ist die Kunst, sich für und mit anderen Menschen zu freuen. Um Mitfreude erfahren zu können, musst du lernen, Neid, Egoismus und Eifersucht zu überwinden. Anderen Menschen ihr Glück aus tiefstem Herzen zu gönnen und ihnen nur das Beste zu wünschen, zeugt von einer sehr weisen inneren

Haltung. Wenn du die Fähigkeit besitzt, wahre Mitfreude zu empfinden, wird sich dein rastloser, vergnügungssüchtiger und besitzergreifender Geist ganz allmählich von allein beruhigen. Durch Mitfreude wirst du ruhiger, zufriedener, ausgeglichener und glücklicher.

Gleichmut

Gleichmut zeigt sich in unerschütterlicher Gelassenheit, innerer Stärke und stabiler Gemütsruhe. Man könnte Gleichmut auch als mentale Stärke bezeichnen. Diese innere Haltung darfst du aber nicht mit Gleichgültigkeit verwechseln. Gleichgültigkeit ist das mangelnde Interesse, d. h., es ist etwas Unwesentliches oder etwas Unbedeutendes für dich. Gleichmut hingegen beschreibt einen Geisteszustand, der dich unabhängig von den äußeren Umständen zentriert, wach, klar und stark bleiben lässt und sich jederzeit selbst erneuern kann. Wahre Erkenntnis ist die Quelle von wahrem Gleichmut, gründet auf dem wahren Verständnis der Welt und erklärt somit auch deine eigene wahre Natur.

In Bezug auf diese vier Geisteshaltungen spricht man auch vom nahen und vom fernen Feind:

- Der nahe Feind der Liebe sind die Anhaftung, das Festhalten, das Besitzenwollen, und der ferne Feind der Liebe sind die Ablehnung, die Abwehr und der Hass.

- Der nahe Feind des Mitgefühls ist das Mitleid, und der ferne Feind ist die Abneigung.

- Der nahe Feind der Mitfreude ist die Schadenfreude, und der ferne Feind sind der Neid und die Missgunst.

- Der nahe Feind des Gleichmuts ist das mangelnde Interesse, also die Gleichgültigkeit, und der ferne Feind ist die Ruhe- und Rastlosigkeit.

Das bedeutet, dass du deine Gedanken und die zugrunde liegenden Geisteshaltungen genau auf deine Absichten hin überprüfen musst. Der Grad deiner Weisheit hängt also stark von deiner Wahrnehmungsfähigkeit und deiner Achtsamkeit ab.

Beantworte die folgenden Fragen, und sei dabei ehrlich im Umgang mit dir selbst:

- Wie gehe ich mit meinen Gefühlen um?
- Wie viel Macht haben meine Gedanken?
- Wie schnell lasse ich mich ablenken?
- Was bringt mich aus der Ruhe?
- Wie reagiere ich auf körperlichen Schmerz?
- Was empfinde ich in schwierigen Lebenssituationen?
- Wie gehe ich mit Stress um?

Fördere die 4 Herz-Qualitäten in dir

Nimm deine bevorzugte Sitzhaltung für die Meditation ein. Achte auf eine aufrechte und stabile Körperhaltung. Schließe deine Augen, und entspanne deine Gesichtsmuskulatur, deine Schultern und deinen Bauch. Nimm eine Meditationsgeste deiner Wahl ein. Lenke deine Aufmerksamkeit entspannt auf deine Atmung. Lasse deinen Atem ganz natürlich durch die Nase ein- und ausströmen. Komme körperlich und geistig zur Ruhe. Starte mit der ersten Ausrichtung, und wiederhole die beiden Sätze so oft, wie du magst. Gehe dann zur zweiten Ausrichtung, zur dritten Ausrichtung und zum Schluss zur vierten Ausrichtung. Verweile nach der letzten Ausrichtung noch einen Moment in der Stille.

Ausrichtung 1
Einatmend schenke ich mir Gleichmut.
Ausatmend lasse ich alles los, was mich daran hindert,
mutig und voller Vertrauen zu sein.

Ausrichtung 2
Einatmend schenke ich mir Mitfreude.
Ausatmend lasse ich alles los, was mich daran hindert,
teilen zu können und glücklich zu sein.

Ausrichtung 3
Einatmend schenke ich mir Mitgefühl.
Ausatmend lasse ich alles los, was mich daran hindert,
einfühlsam und anteilnehmend zu sein.

Ausrichtung 4
Einatmend schenke ich mir liebende Güte.
Ausatmend lasse ich alles los, was mich daran hindert,
freundlich und wohlwollend zu sein.

Stärkende Leitsätze

Sage dir die nachfolgenden Leitsätze mindestens einmal pro Tag, wenn du ins Zweifeln oder Grübeln gerätst, wenn dich negative Gedanken, Unruhe und Angst plagen oder wenn du ganz einfach mehr Achtsamkeit und Bewusstheit in dein Leben bringen möchtest.

- Möge ich glücklich sein.
- Möge ich beschützt sein.
- Möge ich frei von Kummer, Sorgen und Angst leben.
- Möge ich mich selbst verstehen und selbst lieben.
- Möge ich positive Ursachen für positive Wirkungen setzen.
- Möge ich heilsame Gedanken, Gefühle und Handlungen nähren.
- Möge ich Anhaftung, Ablehnung und Unwissenheit überwinden.
- Möge ich gesund sein.
- Möge ich zufrieden und frei sein.

ES geschah vor vielen Jahrhunderten, da wollte ein Mann unbedingt die Zeit anhalten. Er stand auf einer kleinen Anhöhe vor seinem Dorf und schrie laut in den Himmel: »Zeit, steh still!« Doch nichts geschah. Verzweifelt flehte er weiter: »Bitte, Zeit, steh still!«

Ein Samurai, der den Hilferuf des Mannes vernommen hatte, kam auf ihn zu und sprach: »Wenn das dein Wunsch ist, werde ich ihn dir erfüllen.« Der Samurai zog sein Schwert und schlug dem Mann den Kopf ab. Zu dem Toten gewandt sagte er: »Alles bewegt sich auf dieser Welt und ist der stetigen Wandlung unterworfen. Es gibt nur eine Zeit, deine Zeit. Auch ihr Wesen ist Wandlung. Wer die Veränderung nicht will, der will auch nicht das Leben!«

Die 3 Lebensfragen

Deine Zufriedenheit hängt ganz entscheidend von der Auseinandersetzung mit und der Beantwortung dreier wichtiger Lebensfragen und von deiner Fähigkeit ab, das Ergebnis dieser Auseinandersetzung in deinem Leben in die Tat umzusetzen. In der Praxis zeigt sich oft das Problem, dass die Menschen zwar viele Wünsche, Ideen, Hoffnungen und Ziele haben, ihnen aber die Methode zur Selektion und zur konsequenten Umsetzung fehlt. Natürlich gibt es auch immer wieder Situationen im Leben, in denen man überhaupt keine Ahnung mehr hat, wohin die Reise gehen soll, wer man ist und was man eigentlich wirklich möchte. Es lohnt sich aber auf jeden Fall, sich in regelmäßigen Abständen der Beantwortung der 3 Lebensfragen zu stellen, und sei es nur für die Erkenntnis, dass alles gut ist, so, wie es ist!

Die 3 Lebensfragen sind:

Frage 1:
Mit wem möchte ich in Beziehung leben,
und wie viel (Lebens-)Zeit möchte ich dieser Beziehung
oder den Beziehungen schenken?

Frage 2:

Was ist mein Beruf, meine Berufung?
Welche Tätigkeiten sind mir wichtig,
und wie viel (Lebens-)Zeit möchte ich dafür investieren?

Frage 3:

Was erachte ich als den Sinn,
die Aufgabe meines Lebens, und wie viel (Lebens-)Zeit
möchte ich damit verbringen?

Es ist erstaunlich, was alles in deinem Alltag Platz haben kann, wenn du dich für das Richtige entscheidest und die Prioritäten dementsprechend setzt und einhältst. Bitte verstehe mich nicht falsch. Im Folgenden geht es nicht um die Optimierung deiner Agenda und deines Zeitmanagements oder um eine Erhöhung deiner Produktivität. Ganz im Gegenteil: Es geht darum, dein Leben von dem zu befreien, was dir nicht wichtig ist, und deine Wahrnehmung für das zu öffnen, was für dich von Bedeutung ist. Allein durch die ehrliche Beantwortung der 3 Lebensfragen erfährst du sehr viel über dein derzeitiges Leben und den Grad deiner Zufriedenheit. Wenn du es dann noch schaffst, die Erkenntnisse in deinen Alltag zu integrieren, hast du dir den Weg zu einem erfüllten und glücklichen Leben geebnet.

Es ist bewiesen, dass du nicht den Handlungen und Erlebnissen nachtrauern wirst, die du erfahren und erlebt hast, sondern denen, denen du in deinem Leben keinen Platz und keine Zeit eingeräumt hast! Es ist also von großer Bedeutung, dass du ein Bewusstsein der Dringlichkeit entwickelst, denn in deinem Leben zählt jede Sekunde.

Um dir bei der Beantwortung dieser nicht ganz einfachen Fragen behilflich zu sein, bedienen wir uns einer sehr einfachen, aber effektiven Übung.

Gehe wie folgt vor:

Stelle dir die Vase als Symbol für dein Leben vor. Die verschiedenfarbigen Steine in der Mitte stehen für die 3 unterschiedlich wichtigen Aspekte in deinem Leben. Der Sack symbolisiert die kleinen, unwichtigen Nebensächlichkeiten deines Alltags und ist mit Sand gefüllt.

Lege gedanklich zuerst die »Ich-Du-Beziehungs-Steine« in das Glas. Welche zwischenmenschlichen Beziehungen sind dir wichtig? Wie viel (Lebens-)Zeit möchtest du mit deiner Familie, deinen Kindern, deinen Freunden, deinem Partner oder deiner Partnerin verbringen? Wähle entsprechend viele/wenige Steine aus.

Lege nun die »Beruf(ung)s-Steine« in das Glas. Wie viel (Lebens-)Zeit nimmt deine Arbeit oder nehmen die Tätigkeiten in Anspruch, die du zum Verdienen des Lebensunterhalts benötigst? Wünschst du dir mehr oder weniger Zeit für deinen Beruf? Wähle viele/wenige Steine aus.

Lege dann die »Sinn-des-Lebens-Steine« in die Vase. Wie viel (Lebens-)Zeit benötigen die Aktivitäten, die du als deinen Sinn des Lebens bezeichnest oder die für dich wichtig sind (z. B. Lesen, Essen, Gesundheit, Spiritualität, Sport)? Wähle die Anzahl der Steine aus, die du dafür einsetzen möchtest.

Fülle nun den Sand, der alle Nebensächlichkeiten deines Alltags (z. B. Auto waschen, Zeitung lesen, Fernsehen) enthält, in das Glas.

Hat alles Platz? Bleibt noch etwas Raum, Zeit, Leben übrig? Entspricht dieses Bild tatsächlich deinem Leben, das du dir wünschst? Musst du Veränderungen vornehmen?

QUINTESSENZ:

Du setzt Prioritäten, indem du zuerst den wesentlichen
Dingen in deinem Leben Platz einräumst.
Das heißt, dass du immer zuerst die Steine,
also das Wesentliche, setzt!

Erst nachdem du diese Steine platziert hast,
füllst du dein Leben mit dem Unwesentlichen auf.
Das bedeutet, dass der Sand, das Unwesentliche,
immer zuletzt kommt!

Die meisten Menschen beklagen sich, dass sie zu wenig Zeit für das Wichtige in ihrem Leben haben. Sie haben das Gefühl, dass ihnen Zeit fehlt, die Tage zu wenige Stunden haben und sie mit ihrem Zeit-/Lebensplan immer hinterherhängen. Dabei machen sie nur den Fehler, dass sie zuerst das Glas mit dem Sand füllen und sich dann darüber wundern, dass kein Platz mehr für die Steine übrig bleibt!

Diese Übung hilft dir, dir deiner Bedürfnisse und Ziele klarer zu werden und dem Wesentlichen in deinem Leben mehr Platz und Zeit einzuräumen. Wenn du über einen längeren Zeitraum deine Wünsche nicht berücksichtigst, keine Zeit für deine Prioritäten hast, deine Pläne nicht in die Tat umsetzen kannst, geliebte Menschen nicht sehen, aufbauende Tätigkeiten nicht ausführen und positive Aktivitäten nicht ausleben kannst, führt dies unweigerlich zu Unzufriedenheit und löst den Drang zur Kompensation aus.
Du versuchst dann, das Gefühl des Mangels bewusst oder unbewusst auszugleichen. Dies führt oft zu noch mehr Druck und erhöhter Frustration und endet nicht selten in einer Depression. Mit der Auseinandersetzung und der Beantwortung der 3 Lebensfragen filterst du das Unwesentliche aus deinem Leben heraus. Führe diese Übung in regelmäßigen Abständen durch, mindestens aber einmal im Jahr. Sie ist nicht nur eine sehr gute Standortbestimmung. Sie hilft dir auch dabei, eine neue Ordnung, eine andere Struktur in dein Leben zu bringen, damit du deine Ziele in Zukunft besser erreichen und ganz allgemein zufriedener und bewusster leben kannst.

Wahrer Reichtum
ist eine Frage der
INNEREN HALTUNG.

Freiheit durch Loslassen

Loslassen bedeutet, sich dem Leben zu öffnen. Doch oft binden wir unsere Energie mit unseren Gedanken, Gefühlen und Empfindungen, z. B. Angst, Wut, Unsicherheiten oder Schuldgefühlen. Manchmal fällt es auch schwer, Menschen und Ereignisse loszulassen. Krampfhaft halten wir an dem fest, was wir kennen, was uns vertraut ist, auch wenn es uns physische und psychische Schmerzen bringt und große Kraft und unendlich viel Energie kostet.

Es mag paradox klingen, aber das Bekannte, und sei es auch noch so unangenehm, können wir einschätzen. Wir wiegen uns in Sicherheit, weil wir die Situation kennen. Das Unbekannte ist uns fremd und gewährt uns keine Garantie auf Erfolg, und dies macht das Loslassen so schwierig.

Doch alles – auch dein Leben – ist einem steten Wandel unterworfen. Alles ist im Fluss, entsteht, verändert sich und vergeht. **Wenn du mit dieser Energie mitfließt, ist das Loslassen ein Gewinn und kein Verlust. Dann wird es zur natürlichsten Sache der Welt.**

Phönix aus der Asche

Dieses kleine Ritual schenkt dir Klarheit und Bewusstheit. Du lernst, Dinge anzunehmen, um sie dann gezielt loszulassen. Neuer, freier Raum entsteht und mit ihm unendlich viele Möglichkeiten, reines Potenzial. Die Energien kommen in den Fluss, innere und äußere Balance wird wiederhergestellt, Frieden und Ruhe kehren in dein Herz und in deinen Geist ein.

Ablauf

Halte ein Stück Papier, einen Stift, ein Feuerzeug und einen feuerfesten Behälter bereit.

1. Bewusstwerdung

Lasse den Bildern, Emotionen und Gedanken, die du loslassen möchtest, in deinem Bewusstsein freien Raum. Schreibe, male oder zeichne alles auf das Papier.

2. Annehmen

Gestehe dir die Empfindungen, Gefühle und Regungen in deinem Geist ein. Akzeptiere sie ganz wertfrei.

3. Loslassen

Sage ganz konkret: »Ich bin bereit, loszulassen!«

4. Entschuldigen und verzeihen

Entschuldige dich gedanklich bei Personen – oder auch bei dir selbst. Bitte um Verzeihung – auch gegenüber dir selbst –, oder vergib den Menschen, die dir Schaden oder Schmerz zugefügt haben. Es spielt keine Rolle, ob diese Personen bereits verstorben sind.

5. Der Phönix aus der Asche

Wiederhole 3-mal ganz konkret und in tiefem Vertrauen die Worte: »Ich bin bereit, loszulassen!« Entzünde jetzt das Papier in dem feuerfesten Behälter oder an einem sicheren Ort im Freien. Beobachte aufmerksam, wie das Papier vor deinen Augen verbrennt und sich alles Belastende und Bindende auflöst. Spüre die Kraft und die große Energie, die in dir freigesetzt werden. Erlebe die Freiheit, die entsteht, wenn du bereit bist, loszulassen.

Wiederhole diese Übung, sooft du magst. Dein Ziel ist es, dich wirklich frei und gelöst zu fühlen.

Bindungen lösen

Loslassen und Bindungen lösen bedeutet nicht, eine Person zu vergessen. Es bedeutet, dass du annimmst, was war und was jetzt ist, und darüber hinaus mit dir und dem anderen ins Reine kommst. Wenn du fähig bist, loszulassen, befreist du dich von einer großen Last. Du legst den Rucksack mit den gebundenen Energien ab, das Gewicht, das deinen persönlichen Lebensfluss blockiert und dich vom wahren Dasein, dem eigenen Leben abhält. Auf diese Weise löst du die Anhaftung, den Widerstand oder die Distanz auf, die sich, bewusst oder unbewusst, zwischen dir und einer anderen Person entwickelt und aufgebaut haben. Energien sind nicht zerstörbar, sondern nur wandelbar. Dieses universelle Gesetz machst du dir mit dem nachfolgenden Ritual zunutze.

Diese einfache Übung hilft dir, inneren und äußeren Frieden mit dir selbst und anderen zu schließen. Vielleicht kannst oder willst du den direkten Kontakt mit einer Person (noch) nicht suchen. Dieses Ritual unterstützt dich dabei, Geschehenes zu verarbeiten, Menschen oder Emotionen loszulassen und so wieder zu innerer Ruhe und Gelassenheit zurückzufinden. Es ist auch eine wunderbare Möglichkeit, Menschen loszulassen, die nicht mehr am Leben sind. Leichter, stärker und selbstbewusster kannst du dann wieder durch das Leben gehen.

Ablauf

Suche einen ruhigen Ort auf, an dem du etwa 20 Minuten ungestört verweilen kannst. Wenn du magst, dann zünde eine Kerze an, und lasse etwas Räucherwerk abbrennen. Setze dich auf einen Stuhl, oder nimm deine bevorzugte Meditationshaltung ein. Halte deinen Körper warm. Lenke deine Aufmerksamkeit sanft auf deine Atmung. Lasse deinen Atem durch die Nase fließen. Stelle dir entweder den Menschen vor, den du mit all deinen guten Wünschen und deiner ganzen Liebe loslassen möchtest, oder die Person, mit der du dir Klarheit und Frieden wünschst.

Vor deinem inneren Auge kannst du erkennen, dass du mit diesem Menschen auf drei Ebenen geistig verbunden bist. Ein energetisches Band verbindet dich auf der Ebene des Kopfes, eines auf der Ebene des Herzens und ein weiteres auf der Ebene des Bauches.

Stelle dir nun vor, wie du mit einer Schere ein Band nach dem anderen durchtrennst. Die Energie fließt dann in gleichen Teilen zu dir und zu der anderen Person zurück. Jeder erhält seinen Anteil und kann vollständig, unabhängig und losgelöst von allen Bindungen seinen weiteren Lebensweg gehen. Verweile noch einen Moment in Ruhe und Stille, und genieße die zurückgewonnene Freiheit.

Wiederhole das Ritual, sooft du magst. Ganz intuitiv wirst du spüren, wann die Übung ihren Zweck erfüllt hat.

Die
Achtsamkeit
des AUGENBLICKS
vermag
alles zu erleuchten.

EIN Schüler des Zen wollte einen schönen Garten vor seinem Heim anlegen. Er informierte sich eingehend über den Gartenbau, bestellte den Boden sachgemäß und streute hochwertige Blumensamen aus. Die Blumen gediehen wunderbar, mit ihnen wuchs aber auch der Löwenzahn. Der Schüler erkundigte sich, wie er das ungebetene Kraut beseitigen könne, und wandte viele Methoden an, ohne sichtbaren Erfolg. So beschloss er, seinen alten Zen-Meister um Rat zu fragen.

Dieser war vertraut mit der Zen-Gartenkunst und gab seinem Schüler zwar viele wertvolle Anregungen, doch sein Schüler hatte alle diese Tipps bereits ausprobiert. Der Zen-Meister und sein Schüler saßen also schweigend zusammen, als der weise Meister lächelte und sprach: »Nun gut, wenn du alles versucht hast, um den Löwenzahn zu beseitigen, dann gibt es nur noch einen Ausweg.«

Der ratlose Schüler hob den Kopf und blickte seinen Meister erwartungsvoll an. Dieser fügte gelassen hinzu: »Akzeptiere den Löwenzahn, und lerne, ihn zu lieben!«

Die 5 Betrachtungen zum Essen

Du musst essen, um zu überleben. Aber was du isst und die Art, wie du es tust, stehen in direktem Zusammenhang mit der Art und Weise, wie du lebst. Wir alle sind voneinander abhängig. Damit du überlebst, müssen andere Lebensformen – ob nun Tiere oder Pflanzen – ihr Leben opfern. **Dankbarkeit, Wertschätzung und Mitgefühl sollten deshalb grundlegende Tugenden im Umgang mit Nahrungsmitteln, bei der Zubereitung der Speisen und beim Essen sein.** Du verfügst über die Fähigkeit, dich bewusst für oder gegen gewisse Lebensmittel, Herstellungsverfahren, Lagerorte und Transportwege und -mittel zu entscheiden. Du kannst wählen, wo, was, wann und wie viel du einkaufst, kochst und isst. Dieser Freiheit und Verantwortung musst du dir immer wieder bewusst werden.

Wenn du willst, dass die Nahrung sowohl deinen Körper als auch deinen Geist nährt, ist ein mitfühlender, nachhaltiger, großzügiger, ethischer und entschlossener Umgang mit dem Thema »Essen« unumgänglich, wenn nicht sogar überlebenswichtig.

Achtsames Kochen und Essen beinhaltet folgende Prinzipien:

- bewusstes Einkaufen und Auswählen der Lebensmittel
- Verzicht auf Tiefkühlprodukte, Konserven und Fertiggerichte
- möglichst keine aufgewärmten Speisen (mit Maß und nicht auf Vorrat kochen)
- keine Mikrowelle benutzen
- keine verdorbenen oder verkochten Nahrungsmittel
- keine tierischen Produkte und möglichst wenig Alkohol
- zur rechten Zeit, in der rechten Umgebung und mit der rechten Gesellschaft essen
- die Nahrung mit einem gelassenen, friedlichen und ruhigen Gemüt und einem sauberen, gepflegten Körper zu sich nehmen
- nicht zu hastig und nicht zu viel essen (nicht völlig satt essen)
- nicht im Stehen oder Gehen essen
- während der Mahlzeit nicht lesen, telefonieren, fernsehen oder sich mit Computerspielen ablenken
- regelmäßig, bewusst und mit Freude speisen
- die Küche, den Essplatz, die Kochutensilien und das Geschirr sauber und gepflegt halten
- eine einfache, aufmerksame und unkomplizierte Zubereitung
- gesunde, schmackhafte, ausgewogene und abwechslungsreiche Rezepte
- möglichst warm essen und trinken
- Nahrungsmittel verwenden, die die geistige und körperliche Energie erhöhen
- Dankbarkeit, Mitgefühl und Wertschätzung gegenüber den Nahrungs- und Lebensmitteln
- Bewusstheit der Verbundenheit entwickeln (Anbau, Pflege, Ernte, Transport, Umwelt etc.)
- Achtsamkeit vor, während und nach dem Essen

Gerade weil das Essen ein alltäglicher, sich wiederholender Akt ist, läufst du Gefahr, dich in der Gewohnheit, Unbewusstheit und Selbstverständlichkeit zu verlieren. Es gibt ein schönes Ritual, das dir Bewusstsein, Dankbarkeit und Achtsamkeit im Umgang mit deinen Nahrungsmitteln schenkt. Es sind die 5 Betrachtungen über das Essen. Sie ändern deine Aufmerksamkeit und erinnern dich daran, weshalb du überhaupt isst. Rezitiere sie vor dem Essen:

Mögen wir an unser eigenes Handeln denken und daran,
woher diese Nahrung kommt
und wie viel Mühe damit verbunden ist.

Mögen wir überlegen, ob wir wahrhaft Gutes getan haben,
wenn wir diese Nahrung annehmen.

Mögen wir Gier, Wut und Verblendung umwandeln,
indem wir den eigenen Geist zähmen und
uns vom Unheilsamen fernhalten.

Mögen wir diese Nahrung als gute Medizin
für unseren Körper zu uns nehmen.

Wir nehmen diese Nahrung an, um den Weg der Weisheit
und des Mitgefühls zu gehen.

Kochen und Essen sollen nicht nur die Nahrung für deinen Körper sein, sondern auch deinen Geist stärken. Ziel ist es, dass du physische und psychische Gesundheit, Ausgeglichenheit, inneren Frieden, Lebensfreude und Lebensenergie zu deinem eigenen Wohl und zum Wohle aller fühlenden Wesen erlangst.

EINE Zen-Schülerin beklagte sich bei ihrer Meisterin über die anderen Menschen. Sie war sehr frustriert, weil kein Frieden herrschte, die Leute hässliche Dinge zueinander sagten, sich unsägliches Leid zufügten und jeder nur nach seinem Glück und Reichtum trachtete. Die Meisterin hörte der Schülerin aufmerksam zu und erwiderte: »Du kannst die Menschen nicht ändern. Wenn du wahren Frieden finden möchtest, musst du dich selbst ändern. Du kannst nicht die ganze Welt mit einem Teppich auskleiden, aber du kannst sehr wohl deine Füße mit Schuhen schützen!«

Höchste *Kraft* entsteht nur dort, wo KÖRPER und GEIST im *Einklang* sind.

Ein Körper, der Bäume ausreißt, ist STARK.
Ein Geist, der Berge versetzt, ist UNBESIEGBAR.

Das 1x1 der Achtsamkeit für dein Zuhause

Es gibt unzählige Dinge in deiner Wohnung oder in deinem Haus, die deine achtsame Haltung fördern, bereichern und unterstützen, und es gibt solche, die dich stören, zerstreuen und ablenken. Ich gebe dir hier einen Überblick über die Maßnahmen und Gegenstände, die deine Achtsamkeit positiv beeinflussen und die dir dabei helfen werden, fokussiert, ruhig und gelassen zu bleiben.

Und so funktioniert es:

- **Besitz besitzt dich.** Gegenstände binden Energie. Sie müssen gereinigt, gepflegt oder gewartet werden. Entrümple deine Wohnräume regelmäßig, und lasse alles los, was du nicht mehr benötigst. Behalte nur das Wichtigste.

- **Halte Ordnung.** Dadurch konzentrierst du die Energie und verlierst keine Zeit beim Suchen. Jedes Ding hat seinen Platz. Wer suchen muss, ist nicht nur zerstreut und unachtsam, sondern auch zu faul zum Aufräumen.

- **Schaffe Freiraum.** Achte auf möglichst viele freie Flächen. Sie schenken dir Raum und Potenzial und ein Gefühl von Weite und Freiheit, und sie erleichtern dir das Saubermachen.

- **Lasse es duften.** Zeder, Sandelholz, Weihrauch, Rose, Neroli, Lavendel, Jasmin, Myrte oder Oregano beeinflussen deine Stimmung positiv. Dabei spielt es keine Rolle, ob du natürliches Räucherwerk abbrennen lässt oder dich für eine Duftlampe entscheidest, in der biologische ätherische Öle verdampfen.

- **Halte es einfach.** Schön arrangierte Blumengestecke und Bonsais geben eine klare Linie. Saisonale Blumen und Pflanzen schenken dir wertvolle Energie. Achte darauf, dass du möglichst beim Bio-Gärtner deines Vertrauens einkaufst und dass die Pflanzen nicht um die halbe Welt gereist sind.

- **Weniger ist mehr.** Wähle Bilder mit Bedacht, und dekoriere ganz dezent. Überlege dir, was du mit einem Gemälde, einem Kunstwerk oder einem Schmuckstück aussagen willst. Achte bewusst darauf, welche Qualitäten du förderst.

- **Halte es natürlich.** Warme, neutrale Farben und organische Formen sind perfekt. Arbeite mit starken Kontrasten, und wähle natürliche Werkstoffe, z. B. Holz, Stein, Pflanzenfasern.

- **Lasse es leuchten.** Achte auf natürliche und sanfte Lichtquellen. Kerzen sind eine wunderbare Möglichkeit, stimmungsvolle und achtsame Momente zu zaubern.

- **Qualität vor Quantität!** Kaufe wenige, dafür hochwertige und funktionale Möbelstücke. Berücksichtige, wann immer möglich, einheimische Werkstätten und nachhaltige Materialien.

- **Wie außen, so auch innen.** Halte auch in Ordnern, Schränken und Regalen Ordnung. Fülle einzelne Dinge in Dosen, Kisten und Behälter, und beschrifte diese klar und deutlich. Das lässt ein einheitliches Bild entstehen und beruhigt nicht nur deine Augen, sondern wirkt auch klärend und entspannend auf deinen Geist.

- **Lasse Ruhe zu.** Verzichte ganz bewusst darauf, den Fernseher laufen zu lassen oder Musik zu hören, wenn du noch etwas anderes machst. Erlaube dir, auch den Computer und das Smartphone abzuschalten. Das fördert deine Sammlung und lässt dir Raum für Kreativität und Muße.

- **Halte es sauber.** Wische regelmäßig Staub, und wische auch die Böden feucht durch. Wechsle regelmäßig die Bade- und Handtücher und die Bettwäsche. Eine ordentliche und saubere Wohnung oder ein gepflegtes Haus zentriert deinen Geist.

AUF DEN PUNKT GEBRACHT:

Erschaffe dir ein Zuhause, das dir Raum zur Entfaltung lässt und deine Kreativität fördert. Kultiviere einen Ort der Klarheit, Schlichtheit, Schönheit und Freiheit. Nur in einem nicht überfüllten, sauberen und aufgeräumten Raum können Stille, Intuition und Bewusstheit entstehen. Sei dir im Klaren darüber, dass deine Wohnung nur das widerspiegelt, was du im Inneren fühlst, lebst und bist!

Das WUNDER der *Natur* liegt in der *Perfektion* des Augenblicks.

Atme dich frei

Die nachfolgenden 16 Atemübungen der Achtsamkeit schaffen eine wichtige körperliche Basis und ein stabiles geistiges Fundament, die dir Kraft, Vertrauen, Mut, Klarheit und Freiraum schenken. So kannst du deinen Lebensweg voller Zuversicht, Klarheit und Bewusstheit beschreiten.

Die 16 Atemübungen, die immer nacheinander praktiziert werden, bestehen aus 4 Gruppen zu je 4 Übungen:

Gruppe 1:
Die Achtsamkeit auf den Atem und den Körper lenken.

Gruppe 2:
Die Achtsamkeit auf die Gefühle lenken.

Gruppe 3:
Die Achtsamkeit auf den Geist fokussieren.

Gruppe 4:
Die Achtsamkeit auf die Objekte des Geistes fokussieren.

Die Übungen der **ersten Gruppe** helfen dir, körperliche Spannungen loszulassen. Sie stärken deine Konzentrationsfähigkeit, vertiefen das Atembewusstsein und schulen deine Achtsamkeit und die Gegenwartsbezogenheit.

Die Übungen der **zweiten Gruppe** besänftigen deine Gefühle und deine Empfindungen. Sie fördern Ruhe und Frieden in den Regungen deines Geistes. Sie vertiefen das Verständnis, dass Glück und Freude durch Achtsamkeit und Bewusstheit in dir selbst entstehen.

Die Übungen der **dritten Gruppe** stärken deine Konzentrationsfähigkeit und deine Wahrnehmung und schaffen die Grundlage für einen offenen, weiten und freien Geist.

Die Übungen der **vierten Gruppe** vertiefen das Verständnis deiner wahren Natur. Mittels Erkenntnis und Weisheit identifizierst du Verstrickungen, durchdringst den Schleier der Verblendung und überwindest die drei Geistesgifte (Anhaftung, Ablehnung und Unwissenheit).

So übst du am besten:

Ziehe dich an einen ruhigen und sicheren Ort zurück. Trage bequeme Kleidung. Nimm eine aufrechte und stabile Sitzhaltung ein. Praktiziere mit heiterer Gelassenheit, Mitgefühl und Freude. Übe jeden Tag.

Wiederhole rein gedanklich mit deiner Einatmung immer den ersten Satz. Wiederhole rein gedanklich mit deiner Ausatmung immer den zweiten Satz. Zum Beispiel denkst du bei der ersten Übung beim Einatmen: »Ich atme ein und weiß, dass ich einatme.« Beim Ausatmen: »Ich atme aus und weiß, dass ich ausatme.«

Verweile zu Beginn deiner Praxis, etwa für 1–2 Wochen, 1 Minute pro Atemübung, die ganze Übung dauert dann 16 Minuten. Erhöhe dann die Länge auf 2 Minuten pro Atemübung, die ganze Übung dauert somit 32 Minuten. Wenn es dir Freude macht, dann steigere die Dauer ein weiteres Mal, und verweile 3 Minuten pro Übung. Die gesamte Übung dauert nun 48 Minuten.

Damit es dir etwas leichter fällt, empfehle ich dir, die Sätze aufzunehmen, z. B. mit deinem Smartphone. Nach einer gewissen Zeit und mit etwas Praxis kannst du den Ablauf auswendig und bist in der Lage, selbstständig und ohne Hilfsmittel zu praktizieren.

Gruppe 1: Die Achtsamkeit auf den Atem und den Körper lenken.

1. Ich atme ein und weiß, dass ich einatme.
   Ich atme aus und weiß, dass ich ausatme.

2. Ich atme ein und bin mir der Länge der Einatmung bewusst.
   Ich atme aus und bin mir der Länge der Ausatmung bewusst.

3. Ich atme ein und nehme meinen ganzen Körper bewusst wahr.
   Ich atme aus und nehme meinen ganzen Körper bewusst wahr.

4. Ich atme ein und beruhige meinen ganzen Körper.
   Ich atme aus und beruhige meinen ganzen Körper.

Gruppe 2: Die Achtsamkeit auf die Gefühle lenken.

5. Ich atme ein und empfinde Freude.
   Ich atme aus und empfinde Freude.

6. Ich atme ein und empfinde Glück.
   Ich atme aus und empfinde Glück.

7. Ich atme ein und nehme die Aktivitäten meines Geistes bewusst wahr.
   Ich atme aus und nehme die Aktivitäten meines Geistes bewusst wahr.

8. Ich atme ein und beruhige die Aktivitäten meines Geistes.
   Ich atme aus und beruhige die Aktivitäten meines Geistes.

Gruppe 3: Die Achtsamkeit auf den Geist fokussieren.

9. Ich atme ein und nehme meinen Geist bewusst wahr.
   Ich atme aus und nehme meinen Geist bewusst wahr.

10. Ich atme ein und lasse meinen Geist glücklich und friedvoll werden.
    Ich atme aus und lasse meinen Geist glücklich und friedvoll werden.

11. Ich atme ein und konzentriere meinen Geist.
    Ich atme aus und konzentriere meinen Geist.

12. Ich atme ein und befreie meinen Geist.
    Ich atme aus und befreie meinen Geist.

Gruppe 4: Die Achtsamkeit auf die Objekte des Geistes fokussieren.

13. Ich atme ein und betrachte die Vergänglichkeit aller Dinge.
    Ich atme aus und betrachte die Vergänglichkeit aller Dinge.

14. Ich atme ein und betrachte das Verschwinden aller Dinge.
    Ich atme aus und betrachte das Verschwinden aller Dinge.

15. Ich atme ein und betrachte die vollkommene Befreiung.
    Ich atme aus und betrachte die vollkommene Befreiung.

16. Ich atme ein und betrachte das Loslassen.
    Ich atme aus und betrachte das Loslassen.

EIN Schüler beklagt sich bei seinem Meister: »Meister, ich bin überhaupt nicht zufrieden mit meinen Fortschritten in der Meditation. Ich kann mich nicht konzentrieren, meine Beine schlafen ein, mein Rücken schmerzt, und ich habe große Mühe, wach zu bleiben!« Der Meister erwidert trocken: »Das geht vorüber.«

Nach ein paar Wochen berichtet derselbe Schüler seinem Meister voller Freude: »Oh, Meister, meine Meditationen sind wunderbar, ich bin konzentriert und hellwach. Meine Beine und mein Rücken sind ohne Schmerzen. Ich bin im Frieden!« Der Meister antwortet schlicht: »Auch das geht vorüber.«

Zurück zu Balance und Kraft

Diese einfachen Tipps helfen dir nicht nur, deine Aufmerksamkeit in den Moment zurückzuholen, sondern schenken dir auch sprudelnde Energie, die du im Alltag ganz bestimmt sehr gut gebrauchen kannst.

Und so geht es:

- Entwickle ein Gespür für den Moment.
  Halte immer wieder einmal inne, atme tief durch, und überprüfe, was du gerade tust.
- Gönne dir eine Pause, und genieße sie!
- Entspanne immer wieder deine Gesichtszüge, deine Schultern, deine Handflächen und deine Fußsohlen.
- Halte deine Wirbelsäule aufrecht.
- Erde dich über deine Füße, indem du deine Beine gleichmäßig belastest.
- Ersetze einen negativen Gedanken mit einem positiven.
- Tausche eine falsche Handlung durch eine richtige aus.
- Sage ganz einfach STOPP, wenn dein Geist zu viele (oder die falschen) Gedanken hervorbringt.
- Lerne, dich abzugrenzen. Sage NEIN!
- Lächle.

Liebe,

wo du dich befindest,
LIEBE, was du gerade tust,
LIEBE, mit wem du
zusammen bist.

Die 5 Vertiefungen der Achtsamkeit

Auch diese stille Übung hilft dir dabei, dich mit dir selbst zu verbinden. Die wunderbare Meditation schenkt dir Gelassenheit, innere Ruhe und tiefen Frieden. Gerade in schwierigen Zeiten, wenn du deine Gefühle und Emotionen nicht mehr kontrollieren kannst, du dich machtlos fühlst, können dich die 5 Vertiefungen wieder zu innerer Balance und Stärke führen. So schaffst du Raum für Achtsamkeit, Ruhe, Klarheit und Präsenz. Du kannst den Text auch laut vorlesen und dich dabei auf deinem Smartphone aufnehmen. Dann kannst du die Meditation jederzeit hören und dich besser auf sie einlassen.

Ablauf

Setze dich aufrecht hin, und schließe deine Augen. Lasse deinen Atem ganz natürlich durch die Nase fließen.

Begleite deine Atmung im Geiste, indem du gedanklich beim Einatmen »ein« und beim Ausatmen »aus« sagst. Verweile für ein paar Atemzüge oder einige Minuten.

Vertiefe deine Atmung, indem du beim Einatmen gedanklich »tief«, beim Ausatmen »lang« wiederholst. Verweile für ein paar Atemzüge oder einige Minuten.

Fahre mit der Übung fort, indem du die beiden letzten Begriffe mit »ruhig« beim Einatmen und »leicht« beim Ausatmen ersetzt. Verweile für ein paar Atemzüge oder einige Minuten.

Sage nun ganz bewusst bei jeder Einatmung gedanklich »lächeln« und mit jeder Ausatmung »frei«. Verweile für ein paar Atemzüge oder einige Minuten.

Vertiefe deine Achtsamkeit weiter, indem du beim Einatmen gedanklich »jetzt« und beim Ausatmen »wunderbar« wiederholst. Verweile für ein paar Atemzüge oder einige Minuten.

Beende die Übung, und integriere die gewonnenen Erkenntnisse in deinen Alltag.

DIE 5 VERTIEFUNGEN AUF EINEN BLICK:

EIN – AUS
TIEF – LANG
RUHIG – LEICHT
LÄCHELN – FREI
JETZT – WUNDERBAR

EINE junge Schülerin fragte die Meisterin: »Warum ist es so wichtig, dass man in der Gegenwart lebt?«

Die Weise erwiderte treffend: »Immer wenn wir depressiv sind, leben wir in der Vergangenheit. Immer wenn wir ängstlich sind, leben wir in der Zukunft. Nur dann, wenn wir Frieden erfahren, leben wir auch in der Gegenwart. Wenn Tun und Sein zusammenfallen, leben wir das Leben, die Gegenwart, den Moment – ganz aus uns selbst heraus!«

Kraftvolle Sätze für mehr Selbstbewusstsein

Diese Sätze helfen dir, wieder zu deiner starken Mitte, deiner ganzen Kraft zurückzufinden. Am besten liest du alle einmal durch und wählst 1–3 Sätze aus, die im Moment am stärksten auf dich wirken bzw. die dich am meisten ansprechen. Schreibe die Sätze auf einen Zettel, und trage ihn stets bei dir. So hast du die stärkenden Impulse immer griffbereit und kannst sie überall lesen.

- **Ich bin bereit, mir selbst zu vergeben.** Ich löse mich von der Vergangenheit und schenke mir damit Freiheit.

- **Ich höre auf die Botschaften meines Körpers.** Ich respektiere meine Grenzen und bin deshalb immer in meiner ganzen Kraft.

- **Ich bin entschlossen, für meine Bedürfnisse einzustehen.** Ich denke, spreche, fühle und handle so, wie ich es als richtig empfinde.

- **Ich verbinde mich mit meinem Überbewusstsein, mit meinem höheren Selbst.** Ich vertraue der Weisheit des Lebens, die mich trägt und führt.

- **Ich spüre Verbundenheit und Anerkennung.** Ich ziehe Menschen in mein Leben, die mich so respektieren, wie ich bin.
- **Ich bin bereit, Erwartungen an mich loszulassen.** Ich genieße das Spontane und lasse mich gern vom Leben überraschen.
- **Ich weiß, dass ich alle Antworten auf meine Fragen in mir selbst trage.** In der Ruhe und der Klarheit meines Geistes finde ich, wonach ich gesucht habe.
- **Ich bin in meiner inneren Mitte und erlaube mir, meinen eigenen Weg zu gehen.** Nur ich weiß, was mich körperlich und geistig in Balance hält.
- **Ich erlaube mir, die Vergangenheit und die Zukunft loszulassen.** Ich öffne mich für die Schönheit und die Kraft des Augenblicks.
- **Ich glaube an das Gute, fördere das Positive und stärke das Schöne.** Ich bin verbunden mit meinem edlen Kern und lasse mich von meiner intuitiven Stimme leiten.
- **Ich schenke mir Zuversicht und Selbstvertrauen.** Ich entscheide mich für ein Leben in Unabhängigkeit und bedingungsloser Liebe.
- **Ich nehme Leichtigkeit und Freude wahr.** Ich kann jederzeit die Weichen in meinem Leben neu stellen.

- **Ich kann mich entspannen und das Hier und Jetzt genießen.** Ich bin in Resonanz mit der allumfassenden Güte und Gnade des Universums.

- **Ich verdaue jedes Ereignis mit Leichtigkeit.** Furchtlos und selbstbewusst gehe ich meinen Weg.

- **Ich nehme Trost und Verbundenheit wahr.** Meine Gedanken sind voller Mitgefühl und Dankbarkeit mir selbst gegenüber.

- **Ich bin erfüllt von unendlicher Lebensfreude.** Ich kenne meinen Platz in dieser Welt und darf das Leben lieben.

- **Ich lebe in Übereinstimmung mit meiner wahren Natur.** Mein Leben ist der kreative Ausdruck meines authentischen Seins.

- **Ich erlaube mir, mich mit anderen Menschen zu verbinden.** Ich lasse mir helfen und vertraue darauf, dass die Lösung bereits in mir ist.

- **Ich erkenne, dass ich immer die Möglichkeit habe, mich zu verändern.** Ich würdige den Einfluss, den ich auf mich habe, und erschaffe mir meine positive Welt.

- **Ich verbinde mich mit meiner ganzen Lebenskraft.** Ich lebe zielbewusst und selbstsicher aus der Fülle des Augenblicks.

- **Ich erlaube mir, das Leben zu genießen.** Ich bewege mich im harmonischen Rhythmus mit meinem Körper und meinem Geist.

- **Ich respektiere meine Einzigartigkeit.** Ich verbringe meine Zeit mit Menschen, die mich achten, wertschätzen und lieben.

- **Ich öffne mich für körperliche und geistige Heilung.** Ich schenke jeder Zelle Zufriedenheit, Gesundheit und Liebe.

- **Ich übernehme Verantwortung für mein Handeln und mein Sein.** Ich lebe achtsam und treffe weise und heilsame Entscheidungen, die im Einklang mit mir selbst sind.

- **Ich darf loslassen und das Leben in seiner Fülle und Vielfalt annehmen.** Ich sage »Ja« zum Leben und »Ja« zu mir selbst.

- **Ich bin voller Zuversicht und Hoffnung.** Mein Glaube und mein Vertrauen werden mich tragen. Ich bin aufgehoben im großen Ganzen.

- **Ich bin stark und erreiche das, was ich mir vorgenommen habe.** Ich bin entschlossen und willensstark und ergründe die Welt.

- **Ich bestimme zu jedem Zeitpunkt selbst, wie es mir geht.** Ich bin die Schöpferin meines Lebens. Mich erwartet Gutes.

Bewusste
Wahrnehmung
verändert ALLES.

Erkenne das Wesentliche!

Diese großartige Übung zu den drei Daseinsmerkmalen schult deine Wahrnehmung, schärft deinen Blick für das Wesentliche, vertieft deine Erkenntnis und Weisheit und verändert deine Sicht auf die Welt positiv. Sie hilft dir dabei, dich aus den alltäglichen Verstrickungen zu befreien, loszulassen, gelassen zu bleiben und Mitgefühl und Achtsamkeit zu entwickeln. Ich bin mir sehr wohl bewusst, dass die Auseinandersetzung mit den drei Daseinsmerkmalen nicht ganz einfach ist. Ich bin aber davon überzeugt, dass ein tiefes Verständnis davon unumgänglich ist, vor allem dann, wenn du das Thema »Achtsamkeit« nicht nur oberflächlich angehen möchtest, sondern bereit bist, in die Tiefe zu tauchen. Unachtsamkeit gedeiht auf dem Boden der Unwissenheit. So viel Leid, Ablehnung, Gier, Hass und Missverständnisse entstehen, weil wir uns nicht oder zu wenig mit diesen Merkmalen beschäftigen und auseinandersetzen.
Lasse mich dir deshalb vorab noch ein paar Hintergrundinformationen geben, damit wir die Wurzel des Leidens gemeinsam ausreißen und du dich an der wahren Blüte der Achtsamkeit erfreuen kannst. Die drei Daseinsmerkmale stehen für die drei Grundgesetze des Lebens, und sie sind jedem Wesen zu eigen.

Erstes Daseinsmerkmal: die Unbeständigkeit

Alles ist einem steten Wandel unterworfen. Nichts bleibt für immer. Alles ist vergänglich. Das heißt, jedes Wesen durchlebt den Zyklus von Geburt, Krankheit, Alter und Tod. Das Gesetz der Unbeständigkeit bezieht sich auf die belebte und die unbelebte Natur. Materie kann in Energie und Energie in Materie umgewandelt werden. Und gerade, weil sich alles verändert und nur eine beschränkte Lebensdauer hat, haften wir an den Eindrücken, den Ereignissen, am Besitz und an unserem Selbst. Aus Unwissenheit können und wollen wir nicht akzeptieren, dass nichts für die Ewigkeit bestimmt ist. Und so nähren wir falsche Erwartungen und Hoffnungen und halten am Unbeständigen fest. Wir erzeugen eine falsche Sicht auf die Welt und Sehnsüchte, die nie gestillt werden können. Der einzige Weg aus dieser falschen Wahrnehmung führt darüber, dass wir uns dieser Wirklichkeit stellen und erkennen, dass nichts so bleibt, wie es ist. Alles ist im Fluss, in ständiger Wandlung, und alles ist deshalb unbeständig und vergänglich.

Zweites Daseinsmerkmal: die Unzulänglichkeit

Nichts stellt für immer zufrieden. Unzufriedenheit und das damit verbundene Leiden sind allgegenwärtig. Du kannst diese Wahrheit aufgrund der ersten Wahrheit über die Unbeständigkeit nun besser nachvollziehen. Im Kern ist also das Unbeständige die Ursache unseres Leidens oder unserer Unzufriedenheit. Das Leiden beginnt mit unserer Ignoranz gegenüber der Wirklichkeit. Wir sind stets auf der Suche nach Menschen, Werten und Dingen, die uns anhaltendes Glück bringen sollen. Wir können Glück für einen Tag, einen Monat oder einige Jahre erfahren, doch wenn sich das Glück wandelt oder endet, kommen unsere Probleme und Ängste wieder. Erweitert können wir das Leiden aufschlüsseln und dabei festhalten: Leiden sind Leben, Alter, Krankheit und Tod. Leiden ist aber auch das Getrenntsein von dem, was wir lieben, oder das Zusammensein mit dem, was wir nicht lieben. Leiden bedeutet, nicht das zu bekommen, was wir wollen, aber auch, das zu bekommen, was wir nicht wollen. Glück verwandelt sich in Leiden, weil wir es festzuhalten versuchen.

Drittes Daseinsmerkmal: die Substanzlosigkeit

Wenn du die beiden ersten Gesetze in ihrer Essenz verstanden hast, liegt es auf der Hand, dass nichts eine eigenständige und dauerhafte Substanz aufweisen kann und dass somit eine Identifikation mit einem Ich, einem Selbst, nicht haltbar ist. Nichts erwächst aus sich selbst heraus. Alles entsteht in gegenseitiger Abhängigkeit voneinander. Es gibt also keinen festen Wesenskern. Nichts, was existiert, hat ein festes Selbst. Das, was wir gemeinhin als Selbst, als Ich, bezeichnen, ist eine Ansammlung von sich stetig verändernden körperlichen und geistigen Bestandteilen. Der Glaube und das Festhalten an einem gleichbleibenden Ich stellen somit die größte Täuschung dar.

Es ist also von großer Bedeutung, dass du dein abstraktes Verständnis des Lebens mittels tiefer Meditation zur Einsicht und dann zur Integration in den Alltag führst. Die folgende Übung wird dir dabei helfen. Auch diesen Text kannst du laut vorlesen und dich dabei auf deinem Smartphone aufnehmen, damit du dich später ganz auf den Inhalt der Übung konzentrierst.

Ablauf

Nimm deine bevorzugte Meditationshaltung im Sitzen ein. Schließe deine Augen, und entspanne deinen Körper. Richte deine Achtsamkeit auf die Atmung. Atme während der gesamten Übung entspannt und ruhig durch die Nase ein und aus.

Lasse deine Gedanken wie Wolken oder Vögel am Himmel vorbeiziehen. Finde zu körperlicher und geistiger Ruhe.

Reflektiere über die Unbeständigkeit. Alles ist einem steten Wandel unterworfen, nichts bleibt für immer. Alles ist vergänglich, unbeständig und verändert sich. Alles ist im Fluss, nichts bleibt, wie es ist. Lasse los!

Reflektiere über die Unzulänglichkeit. Nichts stellt für immer zufrieden. Unzufriedenheit ist allgegenwärtig. Bleibe gelassen!

Reflektiere über die Substanzlosigkeit. Nichts existiert aus sich selbst heraus. Alle Dinge entstehen in gegenseitiger Abhängigkeit voneinander. Alles ist mit allem und jedem verbunden. Sei achtsam und mitfühlend!

Sage zu dir selbst: »Ich kann annehmen und loslassen. Ich bleibe achtsam und unberührt. Ich bin mehr als meine Gedanken, meine Gefühle und meine Körperempfindungen. Ich bin mir meines edlen Kerns bewusst. Ich bin von Natur aus ein wahres Wesen. Ich lebe aus meiner inneren Mitte und meiner Kraft.«

Beende die Übung, wann immer du möchtest.

ES waren einmal drei Götter, die sich überlegten, wo sie die Weisheit des Universums vor den Menschen verstecken könnten. Sie wollten nicht, dass die Weisheit in falsche Hände geriet, und deshalb suchten sie nach einem Ort, an dem die Menschen sie nicht finden konnten. Die Götter berieten sich.

Der erste Gott sprach: »Lasst uns die Weisheit auf dem höchsten Berg der Welt verstecken. Dort sucht bestimmt niemand nach ihr.« Doch es war ihnen schnell klar, dass es nur eine Frage der Zeit war, bis ein ambitionierter Bergsteiger auch den höchsten und schwierigsten Gipfel bezwingen würde.

Der zweite Gott sprach: »Lasst uns die Weisheit an der tiefsten Stelle des Meeres verstecken. Dort findet sie bestimmt niemand.« Auch hier war den Göttern bald bewusst, dass ein begeisterter Taucher die Weisheit sehr schnell finden würde.

Der dritte Gott, der für seine Klugheit und Weitsichtigkeit bekannt war, schlug vor: »Nein, lasst uns die Weisheit im Menschen selbst verstecken. Dort wird er ganz bestimmt nie suchen!« Die drei Götter waren sich einig, und so versteckten sie die Weisheit in den Herzen der Menschen.

Leben ist die BEGEGNUNG mit dem *Augenblick*.

Fit im Kopf

Diese drei Übungen helfen dir dabei, einen klaren und kühlen Kopf zu bewahren und negative, destruktive Gedankengänge und Gewohnheiten zu unterbrechen. Im Gegenzug entwickelst du Ruhe, Klarheit und innere Kraft, um wieder ganz in der Gegenwart anzukommen. Deine Gedanken haben einen direkten Einfluss darauf, wie du dich fühlst und wie du handelst. Es lohnt sich also, deinen Geist zu trainieren, um selbst zu bestimmen, was du denkst, wie du fühlst und wie du handelst. **Mit deinen Gedanken erschaffst du die Welt, und in dem Moment, in dem du dein Denken veränderst, veränderst du die Welt.**

Das Kraftwort »Stopp«

Es ist wichtig, zu lernen, dass du deinen Gedanken nicht hilflos ausgeliefert bist. Im Alltag verlieren wir uns oft in Gedanken an die Vergangenheit oder steigern uns in eine Situation hinein, die noch nicht einmal eingetreten ist. Durchbrich dieses Gedankenkarussell, und sage entweder laut oder in Gedanken klar, selbstbewusst und überzeugend »Stopp«. Dabei geht es nicht darum, dass du dich selbst verurteilst oder deine Gedanken bewertest. Das einzige Ziel, das du erreichen möchtest, ist, wieder ganz ins Hier und Jetzt zurückzukehren. Wenn du das Kraftwort »Stopp« regelmäßig anwendest, trainierst du deinen Geist so, dass du jederzeit die Möglichkeit hast, zu bestimmen, was und wie du denken willst. Du kannst diese wirkungsvolle Technik auch im Alltag anwenden: Sage zwischendurch immer wieder einmal »Stopp«, und unterbrich die Tätigkeit, die du gerade ausführst. Konzentriere dich dann nur auf deine Atmung, und nimm dabei deinen Körper und deinen Geist wahr. Verweile so lange, wie du möchtest, und nimm danach deine Arbeit mit neuer Kraft wieder auf.

Das Achtsamkeitswort »Jetzt«

Ich habe bereits erwähnt, dass dein Leben nur im Hier und Jetzt stattfindet. Und nur in diesem Augenblick hast du Zugang zu deiner ganzen Kraft. Gedanken an die Vergangenheit können wütend, traurig und betrübt machen. Gedanken an die Zukunft können verunsichern, ängstigen und beunruhigen. Das Achtsamkeitswort »Jetzt« bringt dich genau in diesen Moment, in diesen Augenblick zurück. Auch bei dieser Übung ist es entscheidend, dass du dich und die Situation weder bewertest noch verurteilst. Halte also dort, wo du dich gerade befindest, inne, und nimm wahr, was du jetzt gerade tust. Was machst du in diesem Augenblick? Welche Gedanken hast du in diesem Moment? Antworte mit Sätzen, die mit dem Wort »Jetzt« beginnen: »Jetzt denke ich …« Welche Gefühle hast du gerade? Antworte wieder mit Sätzen, die mit »Jetzt« beginnen: »Jetzt fühle ich …« Welche Tätigkeiten führst du in diesem Augenblick aus? Auch dieses Mal wählst du Sätze, die mit »Jetzt« beginnen: »Jetzt mache ich …« Je öfter du diese Übung praktizierst, desto mehr Bewusstheit erlangst du. Je bewusster du bist, desto klarer kannst du wahrnehmen, was geschieht und wie du darauf reagieren möchtest. Diese Achtsamkeit schenkt dir Freiheit, Gelassenheit und die Kraft der Eigenverantwortung.

Gedanken etikettieren

Diese interessante Übung macht richtig Spaß. Es geht darum, dass du deine Gedanken etikettierst. Du kennst das bestimmt aus dem Supermarkt: Die Verkäuferin versieht jeden Artikel mit einem Preisaufkleber. Genauso machst du das jetzt mit jedem einzelnen deiner Gedanken.

Dazu stelle ich dir drei verschiedene Varianten vor. Nimm für alle Übungen deine bevorzugte Meditationshaltung im Sitzen ein. Schließe die Augen, entspanne deinen Körper, und richte deinen Fokus auf deine Atmung. Wenn ein Gedanke aufkommt, hast du drei Möglichkeiten:

METHODE 1: Die Zeit etikettieren

Hier überprüfst du jeden Gedanken auf seine Zeitebene und klebst dann mental das Etikett »VERGANGENHEIT«, »ZUKUNFT« oder »NICHT HIER« darauf. Verweile mindestens 5–10 Minuten.

z. B.: »Früher war alles besser.« (= VERGANGENHEIT)
z. B.: »Ich muss noch die Blumen gießen.« (= ZUKUNFT)
z. B.: »Mein Bauch knurrt.« (= NICHT HIER – obwohl das in der Gegenwart geschieht, ist dein Fokus nicht mehr auf die Atmung gerichtet!)

METHODE 2: Das Gefühl etikettieren

Bei dieser Variante überprüfst du jeden Gedanken auf das Gefühl, das mit ihm transportiert wird. Du klebst dann in Gedanken das jeweilige Gefühlsetikett daran. Verweile mindestens 5–10 Minuten.

z. B.: »Ich will nicht zum Arzt.« (= ANGST)
z. B.: »Ich habe Rückenschmerzen.« (= UNRUHE)
z. B.: »Ich mag diesen Film.« (= FREUDE)

Identifiziere dich jedoch nicht mit dem Gefühl. Etikettiere z. B. nur mit Freude, Wut, Ärger, Liebe, Mitgefühl, Angst, Sorge, aber nicht mit »Ich freue mich«, »Ich bin wütend« oder »Ich bin ängstlich«.

METHODE 3: Die Wirkung etikettieren

Bei dieser Variante überprüfst du jeden Gedanken auf seine Wirkung und klebst dann mental das Etikett »HEILSAM«, »UNHEILSAM« oder »NEUTRAL« auf. Verweile mindestens 5–10 Minuten. Diese Variante erfordert besonders viel Aufmerksamkeit und Reflexionsfähigkeit von dir. Sie ist eine große Herausforderung, lasse dich aber nicht abschrecken. Zu Beginn braucht es etwas Übung, bis du dir bei jedem Gedanken seiner Wirkung bewusst bist. Wenn dir das immer besser gelingt, gewinnst du an Selbstsicherheit und Selbstvertrauen. Du lernst zudem, heilsame und neutrale Ursachen zu setzen und unheilsame zu vermeiden.

z. B.: »Frau XY ist eine blöde Kuh.« (= UNHEILSAM)
z. B.: »Ich schenke Frau XY das nächste Mal ein Lächeln.« (= HEILSAM)
z. B.: »Frau XY wohnt neben mir.« (= NEUTRAL)

Jeder ACHTSAME Schritt
bringt dich der
Erkenntnis
ein Stück näher.

EINE Schülerin, die gerade von ihrer Studienreise zurückgekehrt war, berichtete ihrer Meisterin von einem Erlebnis, das sie sehr beschäftigte.

Sie erzählte voller Faszination: »Meisterin, als ich in den Bergen Chinas war, begegnete ich einem alten, weisen Mann, der die Fähigkeit besaß, in die Zukunft zu schauen. Er lehrte diese Fertigkeit sogar seinen Schülern!«

Die Meisterin antwortete gelassen: »Das ist nicht schwer, das kann jeder. Mein Weg ist viel komplizierter und anspruchsvoller!« Ungläubig sah die Schülerin sie an und erkundigte sich: »Ach ja, wie ist dann dein Weg?« – »Ich bringe meinen Schülern bei, die Gegenwart zu sehen!«, erwiderte die Meisterin mit einem Lächeln im Gesicht.

Alles ist gut so, wie es ist

Dies ist eine wundervolle Achtsamkeitsmeditation. Zuerst braucht es vielleicht etwas Übung, bis du dich ganz auf sie einlassen kannst. Nach etwas Training wirst du dir aber auch im Alltag bewusst sein, dass alles einer steten Veränderung unterworfen ist. Du wirst dich immer weniger mit deinem Körper, deinen Gefühlen oder deinen Gedanken identifizieren, und das macht wahrhaftig frei und glücklich!

Du kannst den Text laut vorlesen und dich dabei auf deinem Smartphone aufnehmen. Auf diese Weise gelingt es dir, dich ganz auf die Wahrnehmungsschulung einzulassen. Verweile pro Wahrnehmung mindestens 3–5 Minuten.

Ablauf

Nimm deine bevorzugte Meditationshaltung ein. Schließe deine Augen, und lasse deinen Atem entspannt durch die Nase fließen.

Werde dir deiner Ein- und Ausatmung bewusst. Atme achtsam ein und aus, ohne in den natürlichen Fluss einzugreifen. Deine Atmung vertieft sich von ganz allein und lässt deine körperlichen und geistigen Aktivitäten zur Ruhe kommen.

Richte deine Aufmerksamkeit gelassen und wertfrei zuerst auf deinen Körper, dann auf deine Gefühle und zum Schluss auf deine Gedanken. Benenne gedanklich das Erfahrene so kurz und präzise wie möglich. Versuche, dich nicht mit deinem Körper, deinen Gefühlen oder deinen Gedanken zu identifizieren. Sei dir zu jeder Zeit bewusst, dass alles einem steten Wandel unterworfen ist. Sage zu dir selbst: »Ich bin nicht mein Körper. Ich bin nicht meine Gefühle. Ich bin nicht meine Gedanken. Das alles ist nicht mein Selbst. Es gehört mir nicht.« Bleibe während der Übung unabhängig und frei.

Beginne mit deinem Körper: Was nimmst du wahr, wenn du dich auf deinen Körper konzentrierst? Benenne z. B. die Wärme im Bauch einfach nur mit dem Wort »Wärme« oder den Schmerz im linken Knie mit »Schmerz«. Wenn es dir schwerfällt, deine Wahrnehmung konkret zu benennen, sage ganz einfach »spüren, spüren, spüren«. Lenke jetzt deine Wahrnehmung auf deinen Körper …

Überprüfe nun deine Gefühle: Was nimmst du wahr, wenn du dich auf deine Gefühle konzentrierst? Benenne z. B. die Gefühle, die in dir aufsteigen, mit »Langeweile«, »Glück«, »Frieden«, »Angst«, »Unmut«, »Hunger«, »Müdigkeit«. Wenn es dir schwerfällt, deine Wahrnehmung konkret zu benennen, sage ganz einfach »fühlen, fühlen, fühlen«. Lenke jetzt deine Wahrnehmung auf deine Gefühle …

Lenke deine Aufmerksamkeit auf deine Gedanken: Was nimmst du wahr, wenn du dich auf deine Gedanken konzentrierst? Benenne deine Gedanken, indem du sie auf ihre Wirkung überprüfst, und sage »heilsamer Gedanke« oder »unheilsamer Gedanke«. Wenn es dir schwerfällt, deine Wahrnehmung konkret zu benennen, sage ganz einfach »denken, denken, denken«. Lenke jetzt deine Wahrnehmung auf deine Gedanken …

Sei dir auch im Alltag bewusst, dass sich alles stets verändert. Versuche, dich immer weniger mit deinem Körper, deinen Gefühlen oder deinen Gedanken zu identifizieren. Genieße noch einen Augenblick der Ruhe und der inneren Zufriedenheit. Du spürst die Energie, die Freiheit, das Vertrauen und die Zuversicht, die sich in deinem Körper und Geist entwickeln, je öfter es dir gelingt, loszulassen.

Nur in der *Gegenwart* finden KÖRPER und GEIST *zusammen.*

Harmonie mit dem Körper

Achtsamkeit hilft dir, auch kleine und unscheinbare Körpersignale wahrzunehmen. Die Reise, die ich dir nun vorstelle, verbindet Körper und Geist und bringt dich behutsam in den Augenblick und in deine Kraft zurück.

Das innere Lächeln

Diese stille Übung ist äußerst kraftvoll. Sie lässt deine Energien wieder fließen und bringt wertvolle und heilsame Informationen zu jeder Zelle. Sie schenkt dir innere Zufriedenheit und Harmonie und stärkt nicht nur deinen Körper, sondern auch deinen Geist. Du kannst nach jedem Abschnitt der Körperreise für einen kurzen Moment innehalten, die Augen schließen und dem jeweiligen Organ 1–3 Minuten lang ein Lächeln schenken. Lies den Text laut vor, und nimm dich dabei auf deinem Smartphone auf. Auf diese Weise kannst du beim Zuhören noch tiefer und bewusster in die Reise eintauchen.

Ablauf

Nimm deine bevorzugte Meditationshaltung ein. Schließe deine Augen, und lasse deinen Atem entspannt durch die Nase fließen.

Wir starten unsere Reise im Frühling, der dem Element Holz zugeordnet wird. Die Eigenschaften körperlicher und geistiger Natur des Holzes sind: Beweglichkeit, Neubeginn, Aufrichtigkeit, Entfaltung, Dynamik, Entschlussfreude und Flexibilität. Dem Element Holz ist die Leber zugeordnet, die das Gefühl der Wut beheimatet. Wut verteidigt. Du brauchst diese Fähigkeit, aber am richtigen Ort, zum richtigen Zeitpunkt und im richtigen Maß. Schenke dem Gefühl der Wut ein Lächeln. Schenke deiner Leber ein Lächeln, und harmonisiere dadurch die Emotion Wut. Durch die positive und heilsame Energie des inneren Lächelns kannst du Wut, Ärger, Aggression und Konflikte wahrnehmen und offen ausdrücken. Du öffnest dich für neue Ideen und Möglichkeiten. Du lebst deine Kreativität und erkennst Chancen, die sich dir bieten. Du triffst selbstständig Entscheidungen und übernimmst die Verantwortung für dein Leben. Schenke deiner Leber ein Lächeln.

Nach dem Frühling kommt der Sommer. Der Sommer wird dem Element Feuer zugeordnet. Die Eigenschaften körperlicher und geistiger Natur des Feuers sind: Kraft, Ausdehnung, Wachstum, Aufstieg, Energie und Gestaltung. Dem Element Feuer ist das Herz zugeordnet, das das Gefühl der Freude beheimatet. Freude baut auf. Du brauchst diese Fähigkeit, aber am richtigen Ort, zum richtigen Zeitpunkt und im richtigen Maß. Schenke dem Gefühl der Freude ein Lächeln. Schenke deinem Herzen ein Lächeln, und harmonisiere dadurch die Emotion Freude. Durch die positive und heilsame Energie des inneren Lächelns kannst du deine Spontaneität entfalten, Initiative ergreifen, deine Meinung klar zum Ausdruck bringen und deine Natürlichkeit und Freude im Alltag leben. Schenke deinem Herzen ein Lächeln.

Auf den Sommer folgt der Spätsommer, der dem Element Erde zugeordnet wird. Die Eigenschaften körperlicher und geistiger Natur der Erde sind: Stabilität, Bodenständigkeit, Verwurzelung, Zentriertheit, Reifung und Ernte. Dem Element Erde ist der Milz zugeordnet, die das Gefühl der Sorge beheimatet. Sorge verbindet und fühlt mit. Du brauchst diese Fähigkeit, aber am richtigen Ort, zum richtigen Zeitpunkt und im richtigen Maß. Schenke dem Gefühl der Sorge ein Lächeln. Schenke deiner Milz ein Lächeln, und harmonisiere dadurch die Emotion Sorge. Durch die positive und heilsame Energie des inneren Lächelns bist du innerlich und äußerlich stabil. Du hast die Geduld, Projekte zum Abschluss zu bringen. Du verstehst komplexe Zusammenhänge und kümmerst dich um deine Beziehungen. Du lebst Mitgefühl und hast die Gabe, für Gerechtigkeit einzustehen und einen harmonischen Ausgleich zu schaffen. Schenke deiner Milz ein Lächeln.

Nach dem Spätsommer kommt der Herbst. Der Herbst wird dem Element Metall zugeordnet. Die Eigenschaften körperlicher und geistiger Natur des Metalls sind: Verdichtung, Regulation, Regeneration, Trennung, Wandlung und Veränderung. Dem Element Metall ist die Lunge zugeordnet, die das Gefühl der Trauer beheimatet. Trauer lässt los. Du brauchst diese Fähigkeit, aber am richtigen Ort, zum richtigen Zeitpunkt und im richtigen Maß. Schenke dem Gefühl der Trauer ein Lächeln. Schenke deinen Lungen ein Lächeln, und harmonisiere dadurch die Emotion Trauer. Durch die positive und heilsame Energie des inneren Lächelns hast du die Fähigkeit, dich auf das Wesentliche zu konzentrieren. Du kannst Prioritäten setzen, hast den Mut, zu delegieren, und kannst klare Entscheidungen treffen. Du bist bereit, Vergangenes, Altes und Überholtes loszulassen. Du kannst deinen Gefühlen einen natürlichen Ausdruck verleihen und bist in der Lage, Nähe und Distanz klar einzuhalten. Schenke deinen Lungen ein Lächeln.

Auf den Herbst folgt der Winter, die letzte Station auf unserer inneren Reise. Der Winter wird dem Element Wasser zugeordnet. Die Eigenschaften körperlicher und geistiger Natur des Wassers sind: Rückzug, Stille, Fließen, Klarheit, Besinnung, Neuorientierung und Speicherung. Dem Element Wasser sind die Nieren zugeordnet, die das Gefühl der Angst beheimaten. Angst schützt. Du brauchst diese Fähigkeit, aber am richtigen Ort, zum richtigen Zeitpunkt und im richtigen Maß. Schenke dem Gefühl der Angst ein Lächeln. Schenke deinen Nieren ein Lächeln, und harmonisiere dadurch die Emotion Angst. Durch die positive und heilsame Energie des inneren Lächelns kannst du auf dein wahres Potenzial zurückgreifen. Du hast die Fähigkeit, dich zu entspannen, wahrzunehmen und dich selbst zu beobachten, zu analysieren und zu korrigieren. Du bist dir selbst genug, kannst allein sein und das genießen, was du hast und was du bist. Du befindest dich im Fluss mit dir selbst, mit deinen Mitmenschen und mit dem Leben. Schenke deinen Nieren ein Lächeln.

In deinem Lächeln verbirgt sich eine große Kraft. Sei dir dieser positiven Energie auch im Alltag bewusst. Schenke dir und anderen öfter einmal ein Lächeln. Ein Lächeln kostet nichts. Es enthält aber einen Schatz, der für dich und andere von unermesslichem Wert ist.

Herzöffnung

Dein Herz hat seine eigene Intelligenz. Es ist ein Sinnesorgan, das auf ähnliche Weise wie dein Gehirn auf Empfindungen, Gefühle und Erfahrungen reagiert und diese Impulse weiterleitet. In Asien kennt man seit Langem die Verbindung zwischen der Kraft des Geistes und der Kraft des Herzens. Die folgende Übung nutzt dieses Wissen. Durch positive Bewusstwerdung mittels Konzentration auf die Atmung sowie heilsame emotionale Reize ist es möglich, körperliche und geistige Schwingungen zu verändern und in ein harmonisches Gleichgewicht zu kommen. Diese Übung schenkt dir ein positives Lebensgefühl, inneren Frieden und Freude. Die Herzöffnung stärkt und heilt deinen Körper und deinen Geist. Sie verbindet dich mit dem Heilsamen und wirkt energetisierend und erneuernd.

Ablauf

Nimm deine bevorzugte Meditationshaltung ein. Schließe deine Augen, und lasse deinen Atem entspannt durch die Nase fließen. Lenke deine Aufmerksamkeit auf dein Herz oder in den Brustraum. Du kannst auch eine oder beide Hände auf dein Herz legen. Atme symbolisch in dein Herz hinein. Stelle dir dabei ein Bild vor, das dich erfreut. Das kann eine Blume, eine leuchtende Sonne, ein Schmetterling oder ein besonderer Mensch sein. Das Bild, das du dir ausgesucht hast, wird immer klarer und größer. Du bist zufrieden und glücklich und kommst körperlich und geistig zur Ruhe, während du entspannt dein Bild betrachtest. Öffne symbolisch dein Herz wie eine Blume ihre Blütenblätter, und lege dein Bild der innigen Freude hinein. Schließe dein Herz danach wieder, und atme ganz bewusst tief ein und aus. Mit jedem Herzschlag, mit jedem Atemzug wird nun die Energie der Freude, der Kraft, der Zufriedenheit und des Glücks über das Blut in deinem ganzen Körper verteilt. Die Energie fließt in jeden Körperteil, jedes Organ, jede Zelle, vom kleinen Zeh bis in die äußerste Haarspitze. Dein ganzes Wesen füllt sich mit Freude und Kraft auf. Du bist entspannt, zufrieden und glücklich und kannst den Augenblick, den gegenwärtigen Moment, wahrhaftig genießen. Bleibe mindestens 5 Minuten lang in dieser Achtsamkeit, und spüre bewusst nach.

VOR langer Zeit lebte ein kleiner Junge namens Lin in Taiwan. Er war ein normaler Junge, der gern spielte, sich mit seinen Freunden raufte und ab und zu jemandem einen Streich spielte. Wie jedes Kind musste auch Lin die Schule besuchen. Grundsätzlich war Lin mit seinem Leben zufrieden, wenn er nur nicht immer und überall der Kleinste und Leichteste gewesen wäre. Egal, was auch passierte, der kleine Lin zog immer und überall den Kürzeren. Alle Kinder an seiner Schule waren schneller, besser oder größer. Und dabei hatte er schon so viel ausprobiert. Lin hatte sehr viel Reis gegessen und spezielle Übungen gemacht, um stärker und größer zu werden. Doch alle seine Bemühungen halfen nichts, er blieb klein, leicht und schwach.

Eines Tages braute sich ein großes Gewitter zusammen. Lin war gerade auf dem Heimweg. Der Regen prasselte auf ihn nieder, und der Wind wirbelte kleine Äste durch die Luft. Der kleine Lin hatte keine andere Wahl, als unter einem großen Baum vor dem heftigen Sturm Schutz zu suchen. Er kauerte auf dem Boden und beobachtete in Sicherheit, wie der Taifun über das Land hinwegfegte. Dabei sah er, wie große und starke Bäume der gewaltigen Kraft des Windes nicht standhalten konnten und wie Zündhölzchen durch die Luft wirbelten. Da fiel sein Blick auf ein kleines, schmächtiges Bäumchen, das von den starken Windböen regelmäßig gegen den Boden gedrückt wurde. Das zarte Bäumchen bog sich mit dem Wind und richtete sich immer wieder auf. Nachdem sich das Wetter langsam beruhigt hatte, lief der kleine Lin rasch nach Hause. Als er am nächsten Morgen wie gewohnt zur Schule lief, strahlte die Sonne, und der Himmel leuchtete in wundervollem Blau. Lin sah überall die umgeknickten und entwurzelten großen Bäume, die dem Sturm nicht standgehalten hatten. Nach einer Weile kam er auch an dem zarten Bäumchen vorbei. Es sah etwas mitgenommen aus, aber es stand gerade und schon fast anmutig inmitten der Verwüstung.

Als der kleine Lin das nächste Mal im Sportunterricht wieder gegen einen viel größeren und kräftigeren Gegner antreten musste, erinnerte er sich an dieses Bäumchen und machte es ihm gleich. Sein Gegner wollte ihn mit ungezügelter Kraft zu Boden drücken, aber Lin hielt nicht wie sonst mit ganzer Energie dagegen, sondern er gab ganz einfach nach. Dadurch verlor sein Gegner das Gleichgewicht, stolperte und fiel zu Boden. Der kleine Lin hatte seinen ersten Kampf gewonnen.

Füge allem,
was du tust,
ein Lächeln
hinzu.

Eine achtsame Brücke bauen

Dein Atem ist die Brücke zwischen deinem Körper und deinem Geist. Die verschiedenen Atemtechniken, die ich dir vorstelle, schaffen eine klare Präsenz und verbinden dich mit dem Hier und Jetzt. Sie stärken zudem deinen gesamten Körper, schenken dir Energie und zentrieren deinen Geist.

Nimm für alle Übungen eine aufrechte und stabile Haltung im Sitzen ein. Schließe deine Augen. Entspanne deinen Körper, und atme ganz bewusst und hörbar 3-mal tief durch die Nase ein und durch den Mund aus. Atme dann nur noch ganz natürlich durch die Nase ein und aus. Suche dir eine Atemtechnik aus, und verweile mindestens 5–10 Minuten dabei.

Variante 1: Atem wahrnehmen

Begleite deine Atmung geistig, indem du beim Einatmen denkst: »Ich atme ein«, beim Ausatmen: »Ich atme aus.«

Variante 2: Einen Punkt fixieren

Lenke deine Achtsamkeit, deinen inneren Fokus, auf deine Nasenspitze. Halte deine Augen geschlossen. Atme ein und aus.

Wenn es dir schwerfällt, den Fokus auf der Nasenspitze zu halten, oder du das Gefühl hast, dass du dich verspannst oder verkrampfst, kannst du deine Aufmerksamkeit auch auf den Punkt in der Mitte zwischen Oberlippe und Nase lenken.

Variante 3: Temperaturunterschied

Richte deine Aufmerksamkeit auf deine Nasenlöcher. Halte deine Augen geschlossen, und versuche, den Temperaturunterschied zu erspüren, der beim Ein- und Ausatmen entsteht. Nimm die eher kühlere Luft beim Einatmen wahr und die angewärmte Luft beim Ausatmen.

Variante 4: Loslassen

Lenke bei dieser Übung deinen Fokus auf die Ausatmung. Das Einatmen geschieht von ganz allein. Erzwinge nichts, sondern versuche, einfach mit jedem Ausatmen ganz bewusst loszulassen.

Variante 5: Vier Phasen der Atmung

Normalerweise nimmst du nur zwei Phasen wahr, wenn du atmest. Das sind deine Ein- und deine Ausatmung. Deine Atemzüge bestehen jedoch aus vier Phasen: Phase 1 ist die Einatmung und Phase 2 die Pause nach der Einatmung, die Atemfülle. Phase 3 wiederum ist die Ausatmung, und als letzte Phase folgt die Pause nach der Ausatmung, die Atemleere. Nimm ganz entspannt und natürlich jede dieser Phasen wahr. Versuche, nicht einzugreifen oder eine Phase zu verlängern oder zu verkürzen.

Variante 6: Atem zählen

Das Atemzählen hat eine lange Tradition in der Achtsamkeitsschulung. Dazu stelle ich dir verschiedene Möglichkeiten vor. Bei den ersten drei zählst du immer nur bis 10, nicht weiter. Solltest du dich verzählen, startest du wieder bei 1.

- Zähle nur deine Einatmung:
  einatmen, 1, ausatmen, einatmen, 2, ausatmen ...
  Diese Übung hilft dir bei Zerstreuung und Unruhe.

- Zähle nur deine Ausatmung:
  einatmen, ausatmen, 1, einatmen, ausatmen, 2 ...
  Diese Übung hilft dir bei geistiger Müdigkeit und Schläfrigkeit.

- Zähle deine Ein- und Ausatmung:
  einatmen, 1, ausatmen, 2, einatmen, 3, ausatmen, 4 ...
  Diese Übung hilft dir bei geistiger Unruhe, aber auch bei Müdigkeit und Unkonzentriertheit.

- Zähle von 108 bis 0 rückwärts, und zähle immer nur deine Ausatmung: einatmen, ausatmen, 108, einatmen, ausatmen, 107, einatmen, ausatmen, 106 ... Solltest du dich verzählt haben, startest du wieder bei 108.

EIN eifriger Mönch übte Tag und Nacht. Er war bestrebt, die Lehre Buddhas zu verwirklichen und Erleuchtung zu erlangen. Der Orden der Gemeinschaft zählte bereits sehr viele Mitglieder, und es war nötig, dass ein ausführliches Regelwerk den Umgang der Mönche untereinander bestimmte.

Der eifrige Mönch war aber nicht in der Lage, sich über zweihundert Regeln zu merken, und bat Buddha um Rat. Der Meister erkannte, wie gewissenhaft sein Schüler seine Lehre verfolgte, und kürzte das Regelwerk für ihn auf zehn Regeln. Motiviert übte der Mönch weiter, doch schon nach wenigen Tagen stand er erneut hilf- und ratlos vor dem Erhabenen. Er konnte sich auch diese zehn Regeln nicht merken.

Bestürzt über sein Versagen, wollte der Mönch die Gemeinschaft verlassen. Buddha aber sprach zu ihm: »Bist du in der Lage, dir eine einzige Regel zu merken?« – » Ja, Meister, ganz gewiss bin ich dazu fähig!«, gab der Schüler hoffnungs- und erwartungsvoll zur Antwort. »Gut«, sprach Buddha, »sei achtsam!«

Loslassen
muss man
WOLLEN.

Harmonie und Respekt im Miteinander

Wir alle sehnen uns nach einer perfekten Beziehung, die uns erfüllt, vereint und glücklich macht. Wir wünschen uns bedingungslose Liebe, endloses Vertrauen und tiefe Harmonie. Für eine lang anhaltende, respektvolle und glückliche Beziehung müssen aber beide Seiten bereit sein, ihren Teil beizutragen. Wir können nicht erwarten oder sogar verlangen, dass unser Partner uns glücklich und zufrieden macht. Wir selbst sind dafür verantwortlich. Es ist entscheidend, dass du bei dir beginnst und dich fragst: Bin ich ein guter Partner? Möchte ich mit mir zusammenleben? Halte ich es mit mir aus? Die nachfolgenden Leitsätze helfen dir, genau das zu überprüfen und zu kultivieren. **Denn das Gesetz der Resonanz besagt: Du kannst immer nur das anziehen, was du selbst ausstrahlst!**

Der erste Satz der Leitsätze zum Reflektieren bezieht sich immer auf deinen Partner oder deine Partnerin. Er beschreibt das, was du zu geben oder zu empfangen bereit sein solltest. Es ist eine Aufforderung, die dich zum Reflektieren anregen darf und soll. Hinterfrage kritisch, wie weit du diese im Alltag in deiner Partnerschaft bereits umsetzt. Ist die Umsetzung an Bedingungen geknüpft? Oder hängt sie von deiner jeweiligen Stimmung ab? Überlege dir, was du verändern möchtest, um in diese geistige Haltung, in diese positive, heilsame und achtsame Energie zu kommen. Der jeweils zweite Satz wirft dich im Grundsatz auf dich selbst zurück. Was bedeutet diese Haltung konkret für dich? Bist du bereit, so klar zu denken, zu fühlen und zu handeln? Was löst diese Aussage in dir aus?

Du kannst die Sätze in Ruhe durchlesen. Vielleicht sprechen dich einer oder mehrere direkt an. Verweile dann einen Moment, und überprüfe deine Haltung bzw. deine Meinung dazu. Du kannst auch einen oder mehrere Sätze auf einem Zettel notieren und dich bei einer Tasse Tee oder einem Glas Rotwein mit deinem Partner oder deiner Partnerin darüber austauschen. Es ist hilfreich und für einen respektvollen Umgang miteinander unumgänglich, zu erfahren, welche Ansichten, Wertvorstellungen und Meinungen dein Gegenüber hat. Bitte beachte bei eurem Gespräch unbedingt die folgenden »Spielregeln«, die nicht nur bei dieser Übung, sondern ganz allgemein in allen zwischenmenschlichen Beziehungen von essenzieller Bedeutung sind.

Das ist wichtig:

- Formuliere Aussagen in Ich-Botschaften, und vermeide Du-Anschuldigungen.
- Sprich Missverständnisse an, und nenne die Fakten und Fehler auch wirklich beim Namen.
- Frage nach, wenn du etwas nicht verstanden hast oder unsicher bist, was du tun sollst.
- Gib auch dem anderen die Chance zum Sprechen.
- Höre wirklich zu, und bleibe beim Thema.
- Denke daran, dass es um Verständnis geht. Das bedeutet nicht automatisch, dass der andere recht hat.

- Wahre Konfliktfähigkeit und Kommunikation kennt keine Drohungen und keine körperliche oder verbale Gewalt.
- Habe keine Angst davor, Fehler zu machen.
- Wenn du einen Fehler gemacht hast, höre auf, dich deshalb schlecht zu fühlen.
- Gib einen Fehler ohne Rechtfertigung zu. Stehe dazu, und sei ehrlich.
- Entschuldige dich. (Gegebenenfalls auch bei dir selbst: Vergib auch dir deine Fehler!)
- Suche nach einer Lösung.

Leitsätze für eine harmonische Beziehung

- **Ich bin es wert, von dir geliebt und respektiert zu werden.**
  Ich weiß, wer ich bin und was ich kann.
- **Ich schenke dir meine bedingungslose Liebe.**
  Ich bleibe verbunden mit meiner inneren Kraft.
- **Ich gebe dir die Zeit, dich zu verändern.**
  Ich schenke mir Gelassenheit und Geduld.
- **Ich bin bereit, dir zu verzeihen.**
  Ich bleibe meinen Werten treu.
- **Ich unterstütze dich.**
  Ich nehme meine Bedürfnisse wahr.
- **Ich schenke dir die Freiheit, dich zu entfalten.**
  Ich lasse los und bleibe im Vertrauen.
- **Ich bin offen für deine Ratschläge und prüfe sie.**
  Ich erlaube mir, Nein zu sagen.
- **Ich lasse dich Fehler machen.**
  Ich bin nachsichtig mit mir selbst.
- **Ich unterstütze dich in deiner Kraft.**
  Ich lebe mein ganzes Potenzial.

- **Ich erkenne und fördere das Gute in dir.**
  Ich darf loslassen und das Leben genießen.
- **Ich stärke dir den Rücken und stehe für dich ein.**
  Ich bin selbstbewusst und stehe auf meinen eigenen Füßen.
- **Ich begegne dir auch in schwierigen Zeiten mit Mitgefühl.**
  Ich gehe liebevoll mit meinen eigenen Schwächen um.
- **Ich befreie mich von Erwartungen an dich.**
  Ich gebe mir selbst Raum.
- **Ich schenke dir Geborgenheit und Wertschätzung.**
  Ich ruhe in mir selbst.
- **Ich gönne dir deinen Erfolg.**
  Ich bin mir selbst genug.
- **Ich lasse dich deine eigenen Erfahrungen machen.**
  Ich bin ganz in meiner Verantwortung.
- **Ich vertraue dir.**
  Ich lebe aus meinem edlen Kern heraus.
- **Ich genieße die Zeit mit dir.**
  Ich darf glücklich sein.
- **Ich unterstütze dich in deinen Projekten.**
  Ich lebe aus meiner kraftvollen Mitte heraus.
- **Ich gehe auf deine Wünsche ein.**
  Ich respektiere meine Grenzen.
- **Ich lasse dich dein Leben leben.**
  Ich folge meinem inneren Reichtum.
- **Ich höre dir zu.**
  Ich schenke meinen Absichten Gehör.
- **Ich achte deine Persönlichkeit.**
  Ich öffne mein Herz für meine Einzigartigkeit.
- **Ich entwickle Verständnis für deine Schwierigkeiten.**
  Ich stelle mich meinen Aufgaben.
- **Ich freue mich für dich.**
  Ich bin mir selbst gegenüber großzügig.

- **Ich habe Anteil an deinem Wachstum.**
  Ich darf mich weiterentwickeln.
- **Ich schenke dir Stabilität.**
  Ich bin in meiner ganzen Lebenskraft.
- **Ich übergebe dir Verantwortung.**
  Ich bleibe in meinem Selbstvertrauen.
- **Ich fördere deine menschliche Größe.**
  Ich kenne meinen Wert.
- **Ich begegne dir mit Achtsamkeit.**
  Ich bleibe mit mir in Kontakt.
- **Ich gehe respektvoll mit deiner Offenheit um.**
  Ich darf Fehler machen und diese auch zugeben.
- **Ich lasse dich selbst entscheiden.**
  Ich handle aus tiefstem Urvertrauen heraus.
- **Ich bleibe mit dir im Dialog.**
  Ich darf offen sagen, was ich denke und wie ich fühle.
- **Ich gönne dir den Reichtum dieser Welt.**
  Ich schenke mir körperliche und geistige Freiräume.
- **Ich stärke deine Selbstständigkeit.**
  Ich vergebe mir.
- **Ich gehe mit dir den Weg der Weisheit und des Friedens.**
  Ich bin furchtlos und stark.

Die Kraft der *Stille* bringt dich in den *Augenblick* zurück.

Lebe in der Gegenwart

Das Leben findet jetzt, im gegenwärtigen Moment, statt. Die Begriffe »Vergangenheit« und »Zukunft« sind nur Produkte deines Geistes. Mit deinen Gedanken flüchtest du dich in eine bessere Zukunft, schmiedest Pläne, setzt dir neue Aufgaben und Ziele und malst Schlösser in die Luft. Vielleicht blickst du der bevorstehenden Zeit auch mit Ängsten und misstrauisch entgegen. Oder du trauerst der Vergangenheit nach, jammerst über die versäumten Möglichkeiten und benutzt Erlebtes als Ausrede für deine derzeitige Lage.

Egal, was du tust, wenn du mit deinen Gedanken in der Vergangenheit oder in der Zukunft hängen bleibst, verpasst du die Gegenwart. Die Gegenwart ist die einzige Zeit, in der du bewusst in das Leben eingreifen kannst. Veränderungen finden immer heute statt, denn wie viel Zeit dir noch bleibt, entzieht sich deiner Kenntnis.

Das Leben wartet nicht auf dich. Die Sonne geht im Osten auf und im Westen unter, ob du da bist oder nicht. Ob und wie du den Sonnenauf- und -untergang erlebst, liegt ganz allein bei dir. Es gibt nur diesen Augenblick. Was gestern war, ist vergangen, was morgen kommt, weißt du nicht.

Als Zen-Meisterin bemühe ich mich, meine Schülerinnen und Schüler von Beginn an Bescheidenheit und Dankbarkeit zu lehren. Ich fordere sie immer wieder dazu auf, mit dem zufrieden und glücklich zu sein, was sie im Moment sind und haben. Ein wertvolles Hilfsmittel ist dabei die Praxis der Achtsamkeit – das Leben in der unmittelbaren Gegenwart. Ein Leben in Achtsamkeit lenkt deinen Fokus auf das, was tatsächlich jetzt geschieht. Die Erkenntnis, dass du bereits alles besitzt, was du für ein erfülltes und glückliches Leben brauchst, schenkt dir Gelassenheit und Freude. Wirklich frei bist du, wenn du keine Ziele mehr hast. Denn wenn du das Ziel nicht mehr unmittelbar vor Augen hast, konzentrierst du dich ganz auf den gegenwärtigen Augenblick, und zwar unabhängig davon, ob du erfolgreich bist oder nicht.

Das Geheimnis eines erfüllten Lebens offenbart sich in der berühmten Aussage aus der Zen-Lehre: »Wenn ich hungrig bin, dann esse ich. Wenn ich durstig bin, dann trinke ich. Wenn ich die Dinge verrichten muss, dann gehe ich zur Toilette. Wenn ich müde bin, dann schlafe ich. Narren werden den Kopf schütteln, aber die Weisen werden verstehen.«

EINE aufgeweckte Schülerin fragte ihre Lehrerin: »Meisterin, wie kann ich das Glück ergreifen?« Die Meisterin antwortete: »Das Glück ist wie ein schöner Schmetterling. Sobald du ihn jagen und fangen möchtest, entwischt er dir. Wenn du dich aber hinsetzt und wartest, dann lässt er sich auf deiner Schulter nieder.«

Die Schülerin antwortete enttäuscht: »Dann kann ich also nichts tun, um das Glück zu erlangen?« – »Doch«, erwiderte die Meisterin lächelnd, »du kannst versuchen, dich ruhig hinzusetzen!«

Komme immer wieder in den *gegenwärtigen* Moment zurück, denn dort liegt der *Ursprung* deiner wahren Kraft.

Sitzen in Stille

Die folgende Meditation bringt dich in den Moment, in das Hier und Jetzt, zurück. Es ist der Schnittpunkt von Raum und Zeit, den du in Zeiten der Stille wahrnehmen kannst. Der Zugang dazu fehlt dir immer dann, wenn du mit deinen Gedanken in der Vergangenheit oder in der Zukunft, also nicht in der Gegenwart, bist. Die Essenz, das Wahrhaftige ist aber nur im Jetzt zu finden. Kommen wir mit dieser Wahrheit in Berührung, wird der Künstler eins mit seiner Kunst, der Maler verschmilzt mit seinem Bild, der Sportler wird zur Technik. Wir sind eins mit dem, was wir gerade tun. Objekt und Subjekt verschmelzen, und es entsteht das, was man als Inspiration und Intuition bezeichnet.
Jetzt zeigt sich das wahre Selbst, und das Leben beginnt. Wenn du schaust, siehst du wirklich, wenn du horchst, hörst du wirklich, wenn du isst, schmeckst du wirklich, wenn du redest, hast du wirklich etwas zu sagen, wenn du liebst, fühlst du wirklich!

Mit dieser Technik entwickelst du nicht nur deinen Geist, sondern förderst auch die Entfaltung deines persönlichen Potenzials und bringst deinen Körper und dessen Funktionen in einen natürlichen, ausgeglichenen Zustand zurück. Sitzen in Stille ist nichts Spektakuläres oder Esoterisches. Im Gegenteil, es ist ein absichtsloses Sitzen, eine geistige Versenkung in stiller Sitzhaltung, die die innere Ruhe und Stärke fördert und dir hilft, die Gedanken, deinen Affengeist, zu beruhigen.

Sitzen in Stille ist Aufmerksamkeit, Erfahrung und Einblick in deine eigene Natur und im Idealfall in das Wesen aller Dinge. Die Idee dabei ist, dass du dich deiner Mitte näherst und lernst, aus der Stille, dem Schnittpunkt von Raum und Zeit, deine Kraft für das Leben zu schöpfen. Die Körperhaltung, die Atmung und die Geisteshaltung bilden die drei Pfeiler für das Sitzen in Stille. Es gibt keinen Leistungsdruck und kein konkretes Ziel. Die tägliche Praxis und die Integration der Erfahrungen in den Alltag sind das Ziel. Achtsamkeit und Wahrnehmung bilden das Fundament für deine Selbsterkenntnis. Dieser Quelle der Einheit entspringen deine Authentizität, Lebensfreude und Lebendigkeit.

Die Körperhaltung

Setze dich auf einen Stuhl oder auf ein Meditationskissen am Boden. Deine Körperhaltung ist aufrecht, ruhig und trotzdem lebendig. Wenn du auf einem Stuhl sitzt, achte darauf, dass deine Füße schulterbreit auseinanderstehen und fest auf dem Boden aufliegen und dass du auf dem vorderen Teil des Stuhls sitzt. Wenn du auf einem Kissen am Boden sitzt, ist es wichtig, dass deine Knie den Boden berühren. Du kannst dir gern eine Decke unter die Knie legen. Achte auf jeden Fall darauf, dass dein Becken leicht nach vorn kippt, denn das entlastet den unteren Rücken. Aus dem Becken, der stabilen Basis, richtest du deine Wirbelsäule und gleichzeitig deine Energiekanäle auf.

Halte deinen Kopf gerade und das Kinn leicht zurückgezogen. Der Mund ist geschlossen, und die Zungenspitze berührt den Gaumen. Deine Augen sind entweder sanft geschlossen, oder dein Blick ruht etwa 1 Meter vor dir auf dem Boden. Die Gesichtsmuskeln, die Schultern und der Nacken sind entspannt. Lege die linke Hand in die rechte. Die Daumen berühren sich leicht und bilden mit den Fingern eine offene ovale Form. Die Handflächen zeigen nach oben, und die Handkanten berühren den Unterbauch und liegen etwa 2–3 Zentimeter unter dem Bauchnabel. Diese traditionelle Meditationsgeste (Handstellung oder Mudra) steht für Achtsamkeit und Sammlung.

In dieser ruhigen und stabilen Haltung lernst du dich besser kennen. Du bemerkst schnell, dass Körper und Geist eine untrennbare Einheit bilden. Jede Bewegung deines Geistes, alle Emotionen hinterlassen Spuren in deinem Körper. Dieser Spannungen kannst du dir im stillen Sitzen bewusst werden und sie loslassen. Entscheidend ist, dass du dich nicht bewegst. Sitze einfach nur still und regungslos da.

Die Atmung

Die Atmung ist einerseits Bindeglied zwischen der inneren und der äußeren Welt. Andererseits kann sie als Vermittlerin zwischen den physischen Vorgängen deines Körpers und den psychischen Prozessen deines Geistes betrachtet werden. Eine richtige Atmung beruhigt demzufolge die Körperfunktionen, Gedanken und Gefühle. Ich empfehle dir die Bauchatmung. Sie ist tief und ruhig und erfolgt in einem langsamen, kraftvollen und natürlichen Rhythmus. Atme durch die Nase ein und aus. Bei der Einatmung senkt sich dein Zwerchfell, die Bauchmuskeln bleiben entspannt. Die Ausatmung ist tief und länger als die Einatmung. Dein

Zwerchfell entspannt sich, und die Einatmung geschieht von selbst. Die Bauchatmung nährt deinen Körper und deinen Geist. Sie stärkt deine innere Mitte. Du kannst dir deinen Unterbauch als einen Luftballon vorstellen. Wenn du einatmest, füllt sich der Ballon mit Luft. Er wird größer. Wenn du ausatmest, entweicht die Luft, und der Ballon wird kleiner. Versuche, nicht in den natürlichen Rhythmus deines Atems einzugreifen. Beobachte nur, und nimm deine Atmung wahr. Du wirst feststellen, dass sich deine Atmung nach einer gewissen Zeit ganz von allein verändert. Bleibe körperlich und geistig entspannt.

Die Geisteshaltung

Du sitzt, und du atmest. Nach einer gewissen Zeit wird die Frage in dir auftauchen, wie es jetzt weitergeht. Was soll ich tun? Nichts! Einfach nur sitzen und atmen und die Gedanken beobachten. Das bedeutet, dass du alle Gedanken und Gefühle wie Wolken am Himmel vorbeiziehen lässt, ohne dass du an ihnen anhaftest, vor ihnen flüchtest oder sie bewertest. Bleibe unbeteiligt. Das heißt, dass du völlig im Hier und Jetzt sitzt. Nach und nach wirst du feststellen, dass es Lücken, Pausen der Stille zwischen den einzelnen Gedanken gibt. Dieser erste Schritt zeigt dir, dass es einen Beobachter gibt, der die Erfahrung dieser Stille macht. In einem weiteren Schritt beobachtest du den Beobachter, und wieder werden sich neue Lücken der Stille auftun.

Irgendwann verschwinden Beobachter und Beobachteter, Subjekt und Objekt werden eins. Der Geist ist frei und leer. Du bist frei und leer. Es ist wichtig, dass du Gedanken und

Gefühle nicht unterdrücken oder ihr Aufsteigen verhindern willst. Das wäre genauso absurd, wie dem Meer zu befehlen, keine Wellen mehr zu machen. Es ist aber richtig, wenn du den Gedanken und Gefühlen nicht weiter folgst. Lasse los, und lasse sie wie Vögel vorbeifliegen. Bleibe neutral, bewerte nicht. Mit dem stillen Sitzen verhält es sich wie mit jeder anderen Technik. Wie weit du auf deinem Weg kommst, ist eine Frage der Geduld, der Bemühung, der Disziplin, der Freude und der Wiederholung.

Übe wenn möglich jeden Tag. Starte mit 5–10 Minuten stillem Sitzen. Verweile mit der Zeit 15 Minuten lang. Steigere die Dauer langsam, aber kontinuierlich bis auf 30 Minuten.

Kehre zu deinem Ursprung zurück, und erschaffe aus der Kraft der Stille dein Leben neu. Es braucht Momente der Stille und Ruhe in deinem Leben. Nur in der Zurückgezogenheit kannst du deine Handlungen beobachten, reflektieren und korrigieren. Um das Wesentliche in deinem Leben erfahren zu können, musst du Körper und Geist zur Ruhe kommen lassen. Die Kraft der Stille bringt dich in den Augenblick zurück. Jetzt hast du die Chance, dein Leben zu verändern. Pflege deinen Anfängergeist, und fördere deinen Elterngeist. Halte deinen Affengeist im Zaum, und achte auf deinen Expertengeist. Erlaube dir selbst, täglich eine Pause einzulegen. Mache mit dir selbst einen Termin aus, und halte diesen Zeitpunkt auch ein. Begegne und erfahre dich in der Stille selbst. Finde zu deiner wahren Natur, zu deinem ursprünglichen Wesen zurück.

»WAS IST DER WEG?«,
, wollte eine Schülerin
von ihrer Zen-Meisterin wissen.
»Das Gehen!«,
, gab diese zur Antwort.

Stärkende Worte für jede Lebenssituation

Achtsamkeit und Bewusstheit schenken deinem Leben Tiefe. Kleine Rituale in Form von einfachen Gedichten haben die Kraft, dich in die Gegenwart zurückzuholen. Sie verbinden dich mit dem Augenblick und stärken das Positive, das Nährende und das Heilsame in dir. Nachfolgend habe ich für dich ein paar Gedichte verfasst, die dich durch den Tag und durch bestimmte Lebenssituationen begleiten können. Vielleicht magst du aber auch deine ganz persönlichen Zeilen zu Papier bringen. Das Gedicht muss sich nicht zwingend reimen.

So übst du am Besten:

Suche dir ein Gedicht aus. Schließe deine Augen, und mache ein paar bewusste Atemzüge. Lies das Gedicht laut und konzentriert vor. Halte noch einmal für einen kurzen Moment inne, und lasse das Gelesene sich entfalten und auf allen Ebenen deines Seins wirken.

Start in den neuen Tag

Ich öffne meine Augen und begrüße den neuen Tag.
Lächelnd bedanke ich mich für vierundzwanzig Stunden,
die ich heute achtsam nutzen mag.

Krankheit

Ich schenke meinen Körper Ruhe und Zeit,
mein Immunsystem ist zur Abwehr bereit.
Komme zurück in meine ganze Kraft,
verbinde mich mit dem heilenden Geist, der alles schafft.

Vor einer Herausforderung

Ich glänze durch mein Wesen.
Bin besonders und erlesen.
Stehe ein für meine Größe,
gebe mir niemals eine Blöße.

Vergebung für andere

Ich bereue meine Taten,
bin aus der Bahn geraten.
Weiß um deinen Schmerz,
wünsche mir Frieden und Heilung für dein Herz.

Sich selbst verzeihen

Ich habe mein Wesen verletzt,
meinen Wert leichtfertig unterschätzt.
Gebe meine Fehler offen zu,
finde im Herz-Geist Ruh.
Lasse jeden Zweifel ziehen,
werde nicht mehr vor mir fliehen.

Zweifel und Ängste

Bin geborgen und im Vertrauen,
kann voller Zuversicht ins Leben schauen.
Weiß um die schützende Hand über meinem Haupt,
spüre die Kraft, die Quelle der Schöpfung, die an mich glaubt.

Verbindungen stärken

Liebe ist ein kostbares Gut,
wahre Zweisamkeit erfordert Mut.
Mit dem Band des Mitgefühls verbunden,
werden jegliche Hindernisse gemeinsam überwunden.
Ich schenke mich dir ohne Vorbehalt,
unsere Beziehung lebt von Sinn und Gehalt.

Vor dem Zubettgehen

Ich lasse achtsam los,
falle in des Universums vertrauten Schoß.
Bedanke mich für die Erfahrungen des Seins,
werde friedvoll nun mit allem eins.

VOR langer Zeit lebte in Indien eine arme Frau, die keinen eigenen Wasseranschluss in ihrer bescheidenen Hütte hatte, und so musste sie jeden Tag zum nächstgelegenen Brunnen laufen, der eine gute halbe Stunde Fußmarsch entfernt war. Um mehr Wasser aus der Quelle zu schöpfen, nahm die Frau immer zwei Schüsseln mit. Und so lief sie Tag für Tag denselben beschwerlichen Weg von ihrem Haus zum Brunnen und wieder zurück. Eine der beiden Schüsseln war allerdings schon lange beschädigt. Der Ton war gerissen, und die Schüssel hatte einen so großen Sprung, dass immer die Hälfte des Wassers auf dem Nachhauseweg verschüttet wurde.

Einige Jahre vergingen, bis die Schüssel mit dem Sprung traurig, aber bestimmt zur Frau sprach: »Ich schäme mich so. Ich bin nicht perfekt. Seit Jahren vergeudest du mit mir die Hälfte des Wassers. Ich bin zu nichts zu gebrauchen. Bitte wirf mich weg, und ersetze mich durch eine perfekte Schüssel.«

Die alte Frau lächelte und sagte voller Mitgefühl: »Ich weiß doch schon lange, dass du einen Sprung hast. Und genau aus diesem Grund habe ich auf der Seite des Weges, wo du jeweils die Hälfte des Wassers verlierst, Blumensamen gestreut. Ist dir nicht aufgefallen, dass auf einer Seite des Weges seit Jahren schon die schönsten Blumen wachsen und auf der anderen Seite nicht? Die farbenprächtigen Blüten erfreuen jeden Tag mein Herz und erleichtern mir den anstrengenden und mühevollen Weg. Nein, ich werde dich ganz bestimmt nicht austauschen. Du bist perfekt, genau so, wie du bist!«

Edles Schweigen

Edles Schweigen ist eine wertvolle Qualität und eine erstrebenswerte Tugend. Die Stille fördert innere und äußere Ruhe, Einkehr und Respekt. Das edle Schweigen unterstützt den inneren Prozess der Zentrierung und die Selbstwahrnehmung. Es geht dabei darum, den Geist zu sammeln, zu festigen und zu einen. Edles Schweigen hilft dir, die Achtsamkeit auf die innere Welt zu richten. Die direkte Erfahrung mit dir selbst und den eigenen Gefühlen ist dabei der zentrale Punkt.

- Was geschieht mit dir, wenn du dich nicht mehr im Außen mit jemandem verbinden bzw. austauschen kannst?
- Wie fühlst du dich?
- Was löst dieses Schweigen in dir aus?
- Wie reagierst du körperlich und mental darauf?
- Hältst du es mit dir selbst aus?

Edles Schweigen wirft dich auf dich selbst zurück. Wenn du dich wahrhaft auf diese spirituelle Übung einlässt, merkst du sehr rasch: Schweigen ist viel mehr als nicht sprechen!

Natürlich ist es einfacher, sich im edlen Schweigen zu üben, wenn man allein praktiziert. Eine größere Herausforderung stellt bereits eine andere Person dar. Interessant wird es dann, wenn eine ganze Gruppe zusammen übt und sich dem edlen Schweigen verpflichtet hat. Es ist immer wieder erstaunlich, wie schnell Kompensationen gefunden werden. Da gibt es das Augenzwinkern, das Anlächeln, das Kopfnicken, das Gestikulieren, um nur einige nonverbale Ersatzhandlungen zur gewohnten Kommunikation aufzuzählen.
Manche Menschen merken erst in der äußeren Ruhe und Stille, wie laut es in ihnen ist. Für sie wird die innere, laute Stimme fast unerträglich. Das Ego findet über die Sprache eine exzellente Bühne, sich zu beweisen, zu bestätigen und zur Schau zu stellen. Beim edlen Schweigen fällt dieser Vorhang, und das Ego kämpft mit allen Mitteln gegen die Vergessenheit an.

Nur in der absoluten Stille entsteht wortloses, tiefes und allumfassendes Verstehen. Hinter der Methode des edlen Schweigens steckt natürlich auch die Wahrheit, dass Taten mehr aussagen als tausend Worte. Es geht also konkret darum, dass du dich nicht mehr hinter einer schönen Rede verstecken kannst. Gerade in der Stille entwickeln sich eine unfassbare Klarheit, eine unverfälschte Ehrlichkeit und eine große Kraft.

So übst du am besten:

Begegne dir selbst in der Stille. Lerne, zwischen den Zeilen zu hören. Stille schenkt dir Raum. Lasse diese Ruhe zu, öffne dich, und gib dich dem edlen Schweigen hin. Wenn du deine ersten Erfahrungen mit dem edlen Schweigen machst, hilft es dir, wenn du deine Gedanken und Gefühle, die du sonst verbal loswerden willst, in ein Tagebuch schreibst.

Starte mit kleinen Übungssequenzen, in denen du nicht sprichst. Zu Beginn reichen z. B. 30 Minuten oder 1 Stunde pro Woche. Erhöhe deine Übungszeit dann auf 2-mal pro Woche, und dehne die Dauer auf 1–2 Stunden aus. Mit etwas Übung magst du vielleicht einen ganzen Tag, ein Wochenende oder sogar eine ganze Woche auf das Sprechen verzichten. Oder du reservierst dir jeden Tag eine gewisse Zeit, in der du dich dem edlen Schweigen verpflichtest. Vergiss aber bitte nicht, dein näheres Umfeld in deine Praxis einzuweihen. So wirst du nicht gestört, und falls doch, dann ist niemand verwundert oder beleidigt, wenn du nicht antwortest. Wer weiß, vielleicht haben die Menschen in deinem Umfeld zu einem späteren Zeitpunkt Lust, mitzumachen. Noch ein Tipp: Stecke einen Zettel mit der Information, dass du dich im edlen Schweigen übst, ein, wenn du das Haus verlässt. Du weißt nie, wann dich jemand unerwartet anspricht oder eine Nachbarin einen gemütlichen Schwatz mit dir halten möchte.

EIN junger Arzt besucht regelmäßig Patienten im nahe gelegenen Altersheim. Seit einigen Monaten fällt ihm ein alter Mann auf, der immer glücklich, freundlich und zufrieden ist. Bei der nächsten Visite spricht der Arzt den Alten an und erkundigt sich nach dessen Geheimnis.

Der Greis lächelt und gibt zur Antwort: »Sehr geehrter Herr Doktor, ich nehme jeden Tag zwei Pillen, die mir sehr helfen.« Erschrocken über diese Aussage will der junge Arzt nun wissen: »Sie nehmen zwei Pillen täglich? Wie kann das sein? Was für Arzneimittel sind das? Ich habe Ihnen doch nichts verschrieben!« – »Das ist richtig«, grinst der alte Mann und fügt ergänzend hinzu, »das können Sie auch nicht. Denn am Morgen, direkt nach dem Aufstehen, nehme ich mit einem Lächeln die Pille der Zufriedenheit ein. Und am Abend, bevor ich mich schlafen lege, nehme ich mit einem Lächeln die Pille der Dankbarkeit ein. Sie können mir glauben, lieber Herr Doktor, diese beiden Medikamente haben ihre Wirkung noch nie verfehlt, und unerwünschte Nebenwirkungen treten auch nicht auf!«

10 Tipps, die Wunder bewirken

Jetzt möchte ich dir noch 10 einfache, aber sehr effektive und wertvolle Tipps mit auf deinen Weg geben. Du kannst die Sätze auf Kärtchen oder ein Stück Papier schreiben. Trage sie z. B. in der Tasche bei dir, oder lege oder hänge sie dorthin, wo du sie regelmäßig siehst und lesen kannst. Diese Sätze haben eine starke Wirkung und versetzen dich in eine positive Grundschwingung. Je öfter du dich mit ihnen beschäftigst, desto bewusster wird dir dein eigenes Verhalten im Alltag. Du hast die Möglichkeit, alte Gewohnheitsmuster zu erkennen, sie wertfrei anzunehmen und achtsam loszulassen. Dann ist der Weg frei, und du kannst sie durch neue, positive Verhaltensmuster und heilsame Energien in deinem Denken, Fühlen und Handeln ersetzen.

1

Vergleiche dich nicht mit anderen.

2

Setze dich nicht in Konkurrenz mit anderen.

3

Fälle kein Urteil über andere.

4

Ärgere dich nicht.

5

Bereue nichts.

6

Mache dir keine Sorgen.

7

Lasse Schuldzuweisungen los.

8

Löse dich von Schuldgefühlen.

9

Befreie dich von deinen Ängsten.

10

Lache mindestens einmal am Tag – vor allem dann, wenn es dir nicht gelingt, einen, mehrere oder alle der oben genannten Punkte umzusetzen.

Wenn du nach einem Sinn
suchst, versuche,
jeden AUGENBLICK
ganz in Achtsamkeit zu leben.

Das ist das höchste Maß,
das ist der *Lebenssinn.*

Was mir noch wichtig ist!

Wahre Achtsamkeit lässt sich genau genommen nicht in Einzelteile zerlegen oder in verschiedene Themen unterteilen. Damit meine ich, dass du dich entweder für oder gegen ein achtsames Leben entscheidest. Dass dabei auch immer wieder etwas schiefgeht, ist nicht nur normal, sondern äußerst menschlich! Entscheidend ist, dass du auf deinem Lebensweg zunehmend merkst, wann und wo es dir an Wahrnehmung, Bewusstheit und Achtsamkeit fehlt. Erkenne unachtsames Denken, Fühlen und Handeln. **Dabei gilt: Es braucht Achtsamkeit, um Unachtsamkeit zu durchschauen!**

Mein Anliegen ist es, dass du Achtsamkeit auch bei sogenannten unheilsamen Eigenschaften kultivierst. Rauche z. B. eine Zigarette ganz bewusst, und genieße sie in aller Ruhe. Nimm dir Zeit, und inhaliere Atemzug um Atemzug! Erfahre auch Essen und Genussmittel bewusst. Lasse dir den Keks richtig schmecken. Kaue ihn, und schlinge ihn nicht hinunter. Lasse das Stückchen Schokolade ganz langsam auf der Zunge zergehen. Nimm den Duft von frisch aufgebrühtem Kaffee wahr. Mache aus einem Coffee-to-go einen Coffee-to-sit, und trinke ihn Schluck für Schluck.

Lasse dein Smartphone in der Tasche, wenn du im Restaurant sitzt, und schalte es stumm. Nicht nur dein Gegenüber, sondern auch die anderen Gäste wissen es zu schätzen, wenn du nicht permanent auf den farbigen Bildschirm blickst, Fotos von deinem Essen knipst oder der Freundin lauthals erzählst, wo du dich gerade befindest und was du im Moment tust. Erlaube dir, auch einmal nicht erreichbar zu sein. Genieße den Augenblick in vollen Zügen!

Wenn du telefonierst, schenke deinem Gesprächspartner deine ganze Aufmerksamkeit. Es ist ein Trugschluss, wenn du glaubst, der andere merkt es nicht, dass du zur selben Zeit die Toilette aufsuchst, dein Auto betankst, einen Joghurt isst, deine E-Mails checkst oder deinen Nachwuchs bändigst.

Iss nur dann, wenn du wirklich Hunger und vor allem auch genügend Zeit dazu hast. Kaue jeden Bissen ganz bewusst. Erfreue dich an den verschiedenen Farben, Formen und Aromen der einzelnen Lebens- und Nahrungsmittel. Versuche, einen Bezug zu dem zu bekommen, was du isst!

Entferne die leere Papierrolle, und bringe eine neue an, wenn du beim Besuch einer öffentlichen Toilette das letzte Stück Papier benutzt hast. Nimm dir Zeit, die Position deines Autos beim Einparken zu korrigieren, damit es nicht auf der Markierung, sondern in der Parkfläche steht. Halte die Türen eines Lifts offen, wenn du siehst, dass noch ein anderer in den Aufzug möchte. Stehe auf der Rolltreppe konsequent auf der rechten Seite, damit die, die es eilig haben, links an dir vorbeigehen können.

Erlaube dir, ganz präsent zu sein, denn du einen Weg von A nach B zurücklegst. Der Weg ist das Ziel. Das klingt vielleicht etwas abgedroschen, aber es ist wahr. Fahre aufmerksam Auto, die Natur kannst du aus dem Bus oder der Bahn heraus bewundern. Bringe deine Wahrnehmung immer wieder in den Moment zurück, gerade, wenn du zu Fuß unterwegs bist. Spüre den Wind in deinen Haaren und die wärmenden Sonnenstrahlen auf deiner Haut. Setze einen Fuß vor den anderen: Schritt für Schritt, mehr kannst du nicht tun, um anzukommen!

Anhand dieser Beispiele lernst du, dass der Alltag zahlreiche Möglichkeiten bietet, Achtsamkeit zu praktizieren. Wenn du dich also für ein achtsames Leben entscheidest, versuche, dich selbst sowie dein Denken, Fühlen und Handeln mit heiterer Gelassenheit unter die Lupe zu nehmen. Es ist beeindruckend, was diese Entscheidung, die du mit deinem Herz-Geist triffst, bewirken kann. **Wir alle sind untrennbar miteinander verbunden. Deine Entscheidung betrifft und verändert nicht nur dich, sondern beeinflusst auch mich und den Rest der Welt. Dafür danke ich dir aus tiefstem Herzen!**

Bleibe achtsam … bis zum Schluss

Achtsam leben schenkt dir viel Energie, Vertrauen und innere Stärke. Achtsamkeit ist die wunderbare und tiefe Kraft, die jedem bewusst gelebten Augenblick deines Lebens innewohnt. Egal, ob du atmest, lächelst, gehst, isst oder liebst: Durch gelebte Achtsamkeit gewinnst du ein tiefes Verständnis deiner selbst, deiner wahren Natur. Sie lässt dich in die Fülle des Lebens eintauchen, und du wirst der Kostbarkeit jeden Augenblicks gewahr. Sie leben hilft dir auch dabei, schwierige Situationen zu meistern und gestärkt aus ihnen hervorzugehen. Achtsamkeit verbindet dich nicht nur mit dir selbst, sondern auch mit dem wahren Leben. Sie erlaubt dir ganz konkret, Einfluss auf dein Denken, Fühlen und Handeln zu nehmen, und schenkt dir die Kraft der Eigenverantwortung. Das Zepter der Veränderung liegt nun in deiner Hand, und Veränderungen finden immer nur in der Gegenwart statt. Du erinnerst dich bestimmt noch an meine Aussage aus dem Ritual zum Ankommen: Es gibt nur eine Zeit, und diese Zeit heißt Gegenwart! Die Gegenwart ist exakt der Ort, zu dem dich die Achtsamkeit hinführt.

Ich wünsche dir den Mut, das Vertrauen und die Kraft, mit Achtsamkeit, Weisheit und Mitgefühl den Weg des Herz-Geistes zu gehen.

EINE Schülerin erkundigte sich bei ihrer Zen-Meisterin: »Bitte, Meisterin, sage mir, was ist das Wichtigste im Leben?« Die Meisterin erwiderte: »Achtsamkeit!«

Die Schülerin bedankte sich für die Antwort und fragte weiter: »Und was ist das Zweitwichtigste?« Die Meisterin antwortete: »Achtsamkeit!«

Worte des Dankes

In tiefer Demut bin ich mir der Verbundenheit aller Wesen bewusst. Ich danke von Herzen allen sichtbaren und unsichtbaren Kräften, die zur Entstehung dieses Buches beigetragen haben.

Gemeinschaft als Sinn,
Verbundenheit die Quelle,
Überlebenskünstler.

Über die Autorin

Sandy Taikyu Kuhn Shimu, ist eine Schweizer Schriftstellerin und Lehrerin für asiatische Bewegungs- und Lebenskünste. Sie lebt, schreibt, wirkt und unterrichtet im Zürcher Oberland und auf Sri Lanka.

www.taikyu.ch
www.wulin.ch
www.FragDieMeisterin.online

Bildnachweis

Bilder von der Bilddatenbank www.shutterstock.com
Steine bei den Geschichten: #739603948 (© CHAINFOTO24)
Mandala: # 1229720020 (© Von Katika)
Zen-Kreis # 405015802 (© PeoGeo)
Stein-Turm bei den Überschriften: # 1571759653 (© osenb_art)

S. 3: # 441975598 (© wk1003mike), S. 6: # 1045355998 (© Foxys Forest Manufacture), S. 11: # 276458135 (© wk1003mike), S. 17: # 1812198208 (© shawnfighterlin), S. 22: # 1291081144 (© Masson), S. 28: # 396552382 (© lzf), S. 30: # 780986371 (© oatawa), S. 41: # 722422777 (© Leszek Glasner), S. 45: # 350754023 (© CHAINFOTO24), S. 56: # 1933412060 (© Anton Starikov), S. 56: # 57336202 (© naluwan), S. 56: # 593308901 (© Dzha33), S. 59: # 607874636 (© Sirisak_baokaew), S. 65: # 270319958 (© Patrick Foto), S. 71: # 681058345 (© Sunti), S. 75: # 384143626 (© Martin Mecnarowski), S. 83: # 1494623741 (© polinaloves), S. 91: # 789676552 (© LedyX), S. 98: # 13595923 (© kyslynskahal), S. 103: # 171774095 (© KieferPix), S. 108: # 610196315 (© fizkes), S. 118: # 443054494 (© KANOWA), S. 123: # 1465696199 (© Pra Chid), S. 129: # 280855259 (© LeicherOliver), S. 133: # 154832543 (© Creative Travel Projects), S. 139: # 163326239 (© Artush), S. 150: # 518591641 (© PK Studio)

Kleine Energiekicks für den Alltag

Sandy Taikyu Kuhn Shimu
Was die Energie zum Fließen bringt
75 überraschend einfache Powerkicks für jeden Tag
176 Seiten
ISBN 978-3-8434-1477-7

Sie möchten wieder Ihre volle Lebenskraft spüren, konzentriert arbeiten oder einfach nur hellwach sein?
Dann schütteln Sie einmal Ihren ganzen Körper durch, klopfen Sie auf Ihre Thymusdrüse, oder tun Sie Ihren Nieren mit einem heißen Fußbad etwas Gutes. Gönnen Sie sich einen leckeren Qi-Shot, oder gehen Sie einfach einmal rückwärts. Die überraschend einfachen Powerkicks geben Ihnen spürbar mehr Energie. Probieren Sie es aus!
Diese 75 erprobten Körperübungen, Mentaltechniken zum Loslassen und für die Konzentration, schmackhaften Rezepte und befreienden Atemtechniken lösen Blockaden im Energiefluss und werden Sie begeistern. Leben Sie wieder Ihre volle Kraft – selbst ein kleines, bewusstes Lächeln zeigt ungeahnte Wirkung!

Der beste Coach steckt in uns selbst!

Sandy Taikyu Kuhn Shimu
Was dein innerer Buddha dir zu sagen hat
Entdecke die Stimme deines Herzens
44 Karten mit Begleitbuch
ISBN 978-3-8434-9115-0

In jedem von uns gibt es einen erleuchteten Buddha: die Stimme unseres Herzens, die uns in allen wichtigen Bereichen beisteht. Herausforderungen – ob sie die allgemeine Lebenssituation, zwischenmenschliche Beziehungen oder die eigene Persönlichkeit betreffen – lassen sich nie im Außen, sondern immer nur in uns selbst meistern.
Sandy Taikyu Kuhn Shimu, Coach und beliebte Zen-Meisterin, gibt uns dafür 44 wertvolle Lebensweisheiten und entsprechende Kurzcoachings an die Hand. Sie schenken uns die Kraft, das eigene Denken und Handeln zu verändern und Situationen ihre Schwere zu nehmen. Dabei führt uns die Stimme unseres Herzens hin zu wahrem inneren Frieden, anhaltendem Glück, geistiger Ruhe sowie unerschütterlichem Selbstvertrauen!